ITINERARIOS CATECUMENALES PARA LA VIDA MATRIMONIAL

Orientaciones pastorales para las Iglesias particulares

DICASTERIO PARA LOS LAICOS,
LA FAMILIA Y LA VIDA

PREFACIO DEL SANTO PADRE FRANCISCO

OSV

Our Sunday Visitor
Huntington, Indiana

BRERIADITRICEVATICANA

29 28 27 26 25   2 3 4 5 6 7 8 9

Our Sunday Visitor Publishing Division
Our Sunday Visitor, Inc.
200 Noll Plaza
Huntington, IN 46750
1-800-248-2440
www.osv.com

ISBN: 978-1-63966-108-4 (Núm. de inventario T2834)
eISBN: 978-1-63966-109-1
LCCN: 2023937589

Diseño de portada: Tyler Ottinger
Arte de lo portada: Adobe Stock
Diseño de ineriores: Amanda Falk

Impreso en los Estados Unidos

Índice

Prefacio

Del Santo Padre Francisco

«El anuncio cristiano relativo a la familia es verdaderamente una buena noticia» (*Amoris laetitia*, 1). Esta declaración de la *relatio finalis* del Sínodo de los Obispos sobre la familia mereció abrir la Exhortación apostólica *Amoris laetitia*. Porque la Iglesia, en todo tiempo, está llamada a anunciar nuevamente, especialmente a los jóvenes, la belleza y la abundancia de gracia que encierra el sacramento del matrimonio y la vida familiar que de él se deriva. Cinco años después de su publicación, el Año "Familia *Amoris laetitia*" pretende volver a situar a la familia en el centro, hacernos reflexionar sobre los temas de la exhortación apostólica y animar a toda la Iglesia en el alegre compromiso de la evangelización para las familias y con las familias.

Uno de los frutos de este Año especial son los "Itinerarios catecumenales para la vida matrimonial", que ahora tengo el placer de entregar a los pastores, a los cónyuges y a todos los que trabajan en la pastoral familiar. Se trata de una herramienta pastoral preparada por el *Dicasterio para los Laicos, la Familia y la Vida* a raíz de una indicación que he expresado en repetidas ocasiones, o sea, «la necesidad de un "nuevo catecumenado" en preparación al matrimonio»; de hecho, «es urgente aplicar concretamente todo lo ya propuesto en la *Familiaris consortio* (n. 66), es decir, que así como para el bautismo de los adultos el catecumenado es parte del proceso sacramental, también la preparación para el matrimonio debe convertirse en una parte integral de todo el procedimiento del matrimonio sacramental, como un antídoto para evitar la proliferación de celebraciones matrimoniales nulas o inconsistentes» (*Discurso a la Rota Romana*, 21 de enero de 2017).

Lo que se puso de manifiesto fue la grave preocupación de que, con una preparación demasiado superficial, las parejas corran el riesgo real de celebrar un matrimonio nulo o con unos cimientos tan débiles que se "desmorone" en poco tiempo y no pueda resistir ni siquiera las primeras crisis inevitables. Estos fracasos traen consigo un gran sufrimiento y dejan profundas heridas en las personas. Se desilusionan, se amargan y, en los casos más dolorosos, acaban incluso por dejar de creer en la vocación al amor, inscrita por Dios mismo en el corazón del ser humano. Por tanto, existe ante todo el deber de acompañar con responsabilidad a quienes expresan la intención de unirse en matrimonio, para que sean preservados de los traumas de la separación y no pierdan nunca la fe en el amor.

Sin embargo, también hay un sentimiento de justicia que debe animarnos. La Iglesia es una madre, y una madre no tiene preferencias entre sus hijos. No los trata de forma desigual, les da a todos el mismo cuidado, la misma atención, el mismo tiempo. Dedicar tiempo es una señal de amor: si no dedicamos tiempo a una persona, es una señal de que no la queremos. Esto me viene a la mente muchas veces cuando pienso que la Iglesia dedica mucho tiempo, varios años, a la preparación de los candidatos al sacerdocio o a la vida religiosa, pero dedica poco tiempo, sólo unas semanas, a los que se preparan para el matrimonio. Al igual que los sacerdotes y las personas consagradas, los matrimonios también son hijos de la madre Iglesia, y una diferencia de trato tan grande no es justa. Los matrimonios constituyen la gran mayoría de los fieles, y a menudo son pilares en las parroquias, grupos de voluntarios, asociaciones y movimientos. Son verdaderos "guardianes de la vida", no sólo porque engendran hijos, los educan y los acompañan en su crecimiento, sino también porque se ocupan de los mayores en la familia, se dedican al servicio de las personas con discapacidad y, a menudo, a muchas situaciones de pobreza con las que entran en contacto. Es de las familias de donde nacen las vocaciones al sacerdocio y a la vida consagrada; y son las familias las que componen el tejido de la sociedad y "remiendan sus desgarros" con paciencia y sacrificios diarios. Por ello, es un deber de justicia para la Iglesia madre dedicar tiempo y energías a preparar a quienes el Señor llama a una misión tan grande como la familia.

De esta manera, para concretar esta urgente necesidad, «aconsejé realizar un verdadero catecumenado de los futuros esposos, que incluya todas las etapas del camino sacramental: los tiempos de la preparación al matrimonio, de su celebración y de los *años inmediatamente sucesivos*» (*Discurso a los participantes en un curso sobre el proceso matrimonial*, 25 de febrero de 2017). Esto es lo que propone el Documento que presento aquí y por el que doy las gracias. Se estructura según las tres etapas: la preparación al matrimonio (remota, próxima e inmediata); la celebración de la boda; el acompañamiento de los primeros años de vida conyugal. Como verán, se trata de recorrer un tramo importante del camino junto a las parejas en su trayectoria vital, incluso después de la boda, especialmente cuando pueden pasar por crisis y momentos de desánimo. De este modo, intentaremos ser fieles a la Iglesia, que es madre, maestra y compañera de viaje, siempre a nuestro lado.

Es mi ferviente deseo que a este primer Documento le siga cuanto antes otro, en el que se indiquen métodos pastorales concretos y posibles itinerarios de acompañamiento, dedicados específicamente a aquellas parejas que han experimentade el fracaso de su matrimonio y viven en una nueva unión o se han vuelto a casar civilmente. La Iglesia, en efecto, quiere estar cerca de estas parejas y caminar también con ellas por la *via caritatis* (cf. *Amoris laetitia,* 306), para que no se sientan abandonadas y puedan encontrar en las comunidades lugares accesibles y fraternos de acogida, de ayuda al discernimiento y de participación.

Este primer Documento que se presenta ahora es a la vez un don y una tarea. Un don, porque pone a disposición de todos un material abundante y estimulante, fruto de la reflexión y de experiencias pastorales ya puestas en práctica en diversas diócesis/eparquías del mundo. Y tambiénes una tarea, porque no se trata de "fórmulas mágicas" que funcionan automáticamente. Es un vestido que debe estar "hecho a medida" de las personas que lo van a llevar. Se trata, en efecto, de orientaciones que piden ser recibidas, adaptadas y puestas en práctica en las situaciones sociales, culturales y eclesiales concretas en las que cada Iglesia particular se encuentra. Apelo, por tanto, a la docilidad, al celo y a la creatividad de los pastores de la Iglesia y de sus colaboradores, para hacer más eficaz esta vital e indispensable labor de formación, de anuncio y de acompañamiento de las familias, que el Espíritu Santo nos pide en este momento.

«Ustedes saben que no he omitido nada que pudiera serles útil; les prediqué y les enseñé» (*Hch* 20,20). Invito a todos los que trabajan en la pastoral familiar a hacer suyas estas palabras del apóstol Pablo y a no desanimarse ante una tarea que puede parecer difícil, exigente o incluso superior a nuestras posibilidades. ¡Ánimo! ¡Demos los primeros pasos! ¡Iniciemos procesos de renovación pastoral! Pongamos nuestra mente y nuestro corazón al servicio de las futuras familias, y les aseguro que el Señor nos sostendrá nos dará sabiduría y fuerza, hará crecer el entusiasmo en todos nosotros y, sobre todo, nos hará experimentar la «dulce y confortadora alegría de evangelizar» (*Evangelii gaudium*, 9), mientras anunciamos el Evangelio de la familia a las nuevas generaciones.

Francisco

Preámbulo

La propuesta del Santo Padre Francisco de un "catecumenado matrimonial"

1. En varias ocasiones, el Santo Padre Francisco ha expresado su preocupación para que en el seno de la Iglesia haya una mejor y más profunda preparación para el matrimonio de las parejas jóvenes, insistiendo en la necesidad de un itinerario relativamente amplio, inspirado en el catecumenado bautismal, que les permita vivir más conscientemente el sacramento del matrimonio, a partir de una experiencia de fe y de un encuentro con Jesús.[1]

2. El presente documento, recogiendo lo ya expuesto sobre el mismo tema en un documento del entonces Pontificio Consejo para la Familia,[2] quiere ser una respuesta a esta preocupación del Santo Padre y una ayuda a las Iglesias particulares para pensar o repensar sus itinerarios de preparación al sacramento del matrimonio y de acompañamiento de los primeros años de vida matrimonial. Estas "orientaciones pastorales" no deben entenderse, por lo tanto, como un "curso prematrimonial" estructurado y completo, en forma y contenido, listo para ser utilizado en la pastoral ordinaria. El objetivo, en cambio, es exponer algunos principios generales y una propuesta pastoral concreta y completa, que cada Iglesia local está invitada a tener en cuenta a la hora de elaborar su propio itinerario catecumenal para la vida conyugal, respondiendo así

de forma creativa a la llamada del Papa.[3]

3. La situación actual exige un renovado esfuerzo pastoral para reforzar la preparación al sacramento del matrimonio en las diócesis/eparquías y parroquias de todos los continentes. El número cada vez menor de personas que se casan en general, pero también y sobre todo la corta duración de los matrimonios, incluso sacramentales, así como el problema de la validez de los matrimonios celebrados, constituyen un desafío urgente, que pone en juego la realización y la felicidad de tantos fieles laicos en el mundo. En la raíz de muchas de las dificultades que experimentan las familias se encuentra una evidente fragilidad del matrimonio, causada a su vez por una serie de factores como: la mentalidad hedonista que desvirtúa la belleza y la profundidad de la sexualidad humana, la autorreferencialidad que dificulta la toma de los compromisos de la vida conyugal, una limitada comprensión del don del sacramento del matrimonio, del significado del amor esponsal y de su carácter de auténtica vocación, es decir, de respuesta a la llamada de Dios al hombre y a la mujer que deciden casarse, etc. La preocupación que la Iglesia madre siente por estos hijos suyos, necesitados de ayuda y orientación, debe llevarla a invertir nuevas energías en favor de las parejas «para que su experiencia de amor pueda convertirse en un sacramento, un signo eficaz de la salvación».[4]

I. Indicaciones Generales

Por qué un catecumenado

4. La idea de construir *itinerarios catecumenales para el matrimonio* no es nueva en la reflexión eclesial.[1] Tras los dos Sínodos sobre la familia de 2014 y 2015, el papa Francisco lo propuso en varias ocasiones en su magisterio ordinario, y ha ido tomando forma en su reflexión pastoral, trazando las líneas de los renovados caminos de acompañamiento al matrimonio.[2]

5. En la Iglesia primitiva - según la convicción común de los Padres - una clara orientación cristiana de la vida debía preceder a la celebración del sacramento. «Primero hay que hacerse discípulo del Señor y luego ser admitido al santo bautismo», afirma san Basilio.[3] Los signos claros dela nueva orientación de la vida eran la fe y la conversión. El antiguo catecumenado era, en efecto, el momento en que se formaba a los candidatos al bautismo alimentando en ellos la fe y animándolos a la conversión. La fe abría el corazón y la mente a Dios y a la obra de salvación de Jesucristo, la conversión pretendía corregir comportamientos, hábitos y prácticas de vida incompatibles con la nueva existencia cristiana que los catecúmenos iban a abrazar.

A semejanza de lo que ocurría con el bautismo en la Iglesia antigua, una formación en la fe y un acompañamiento en la adquisición de un estilo de vida cristiano, dirigidos específicamente a las parejas, serían de gran ayuda hoy en día con vistas a la celebración del matrimonio.[4] El catecumenado, en efecto, puede inspirar nuevos caminos de renovación de la fe en cada época, porque propone un estilo de acompañamiento de las personas - pedagógico, gradual, ritualizado - que siempre conserva su eficacia. El catecumenado matrimonial, en concreto, no pretende ser una mera catequesis, ni transmitir una doctrina. Pretende hacer resonar entre los cónyuges el misterio de la gracia sacramental, que les corresponde en virtud del sacramento: hacer que la presencia de Cristo viva con ellos y entre ellos.[5] Por eso es necesario, con respecto a los que pretenden casarse, superar el estilo de una formación sólo intelectual, teórica y general (alfabetización religiosa). Es necesario recorrer con ellos el camino que los lleva a tenerun encuentro con Cristo, o a profundizar en esta relación, ya hacer un auténtico discernimiento de la propia vocación nupcial, tanto a nivel personal como de pareja.[6]

Quién se encarga de esta tarea

6. Elaborar un itinerario de preparación al matrimonio de tipo catecumenal y acompañar concretamente a las parejas en este camino es una tarea de toda la comunidad eclesial, en un camino compartido entre sacerdotes, esposos cristianos, religiosos y agentes de pastoral, que deben colaborar entre sí y de acuerdo con su obispo. El matrimonio no es sólo un hecho social, sino que para los cristianos es un hecho "eclesial". Por eso, toda la Iglesia, como Cuerpo de Cristo, se hace cargo de ella y siente la necesidad deponerse al servicio de las futuras familias.[7]

7. La convicción de la que hay que partir, tanto para las parejas que se preparan para el matrimonio como para los agentes de pastoral que les acompañan, es que el matrimonio no es un punto de llegada: es una vocación, es un camino de santidad que abarca toda la vida de la persona.[8] Además, en virtud de su participación del sacerdocio profético y real de Cristo, los fieles laicos reciben también en el sacramento del matrimonio una misión eclesial específica para la que deben estar preparados y acompañados.[9] Así como la Iglesia se preocupa de preparar mejor a los sacerdotes y a los religiosos para vivir su vocación y su misión, dedicándoles largos años de formación, del mismo modo es deber de la Iglesia preparar adecuadamente a los fieles laicos, que se sienten llamados, a acoger la vocación al matrimonio y a perseverar en ella a lo largo de toda su vida realizando la misión que les es propia.[10] El sacramento del orden, la consagración religiosa y el sacramento del matrimonio merecen el mismo cuidado, ya que el Señor llama a hombres y mujeres a una u otra vocación con la misma intensidad y amor.

8. Para llevar a cabo eficazmente una renovada pastoral de la vida conyugal, es indispensable que tanto los matrimonios acompañantes, en las parroquias y en los movimientos familiares, como los sacerdotes, desde su formación en el seminario, y los religiosos y consagrados, estén adecuadamente formados y preparados para la complementariedad recíproca y la corresponsabilidad eclesial.[11] Esta comunión natural en el apostolado entre los cónyuges y los célibes consagrados ha estado presente en la vida de la Iglesia

desde sus inicios, como muestra el ejemplo de Pablo acompañado en la evangelización por Aquila y Priscila,[12] pero debe ser redescubierta y vivida plenamente en las parroquias y a nivel diocesano, ya que la diversidad de estilos y lenguajes, la diversidad de experiencias vitales, la diversidad de carismas y dones espirituales propios de cada vocación y estado de vida son de gran enriquecimiento en la transmisión de la fe a los jóvenes esposos y en su iniciación a la vida matrimonial.

9. Los responsables de la acción pastoral - párrocos, religiosos, obispos - realizan una importante labor de animación y coordinación.[13] Los sacerdotes y los párrocos, en particular, al ser normalmente los primeros en recibir la petición de los jóvenes que desean casarse por la Iglesia, tienen una gran responsabilidad de acoger, animar y orientar bien a las parejas, haciendo aparecer desde el principio la profunda dimensión religiosa implícita en el matrimonio cristiano, muy superior a un simple "rito civil" o "costumbre".[14]

10. Junto a los sacerdotes y religiosos, un papel primordial debe ser desempeñado por los matrimonios. La preparación de las parejas para el matrimonio es una verdadera obra de evangelización[15] y los fieles laicos, especialmente los matrimonios, están llamados, como los religiosos y los ministros ordenados, a participar en la misión evangelizadora de la Iglesia: son un sujeto pastoral.[16] En virtud de su experiencia específica, podrán concretar los caminos del acompañamiento, antes del matrimonio y durante el mismo, interviniendo como testigos y acompañantes de las parejas en relación con

muchos aspectos de la vida nupcial (afectivos, sexuales, dialógicos, espirituales) y de la vida familiar (tareas de cuidado y crianza, apertura a la vida, don recíproco, educación de los hijos, apoyo en las labores cotidianas, en las dificultades y en la enfermedad). Los cónyuges que se ponen a disposición de este precioso servicio de acompañamiento se benefician enormemente: llevar a cabo un compromiso pastoral juntos y anunciar el "evangelio del matrimonio" a los demás, constituye un factor de gran unión espiritual y de enriquecimiento personal y de pareja. Es necesario, sin embargo, evitar el riesgo de que los laicos, y en particular los cónyuges, al vivir este protagonismo eclesial, ocupen el lugar del sacerdote, asumiendo papeles y funciones que no les corresponden. Los sacerdotes y religiosos, por su parte, procurarán no reducir la presencia de los laicos a la de meros testigos, ya que tienen derecho a un espacio de corresponsabilidad efectiva. Los sacerdotes y religiosos, por lo tanto, tratarán de adoptar una actitud de constante escucha y verificación del camino con los matrimonios que colaboran con ellos y que experimentan la dimensión familiar en primera persona, evitando ser los únicos actores o, por el contrario, exigir demasiado y delegar demasiado, corriendo el riesgo de "agotar a las familias".

Para una pastoral renovada de la vida conyugal

11. Por lo tanto, la renovación pastoral deseada por el papa Francisco desde el inicio de su pontificado[17] debe referirse también a la pastoral de la vida conyugal. En este ámbito, el camino de la renovación puede indicarse a partir de tres "notas" específicas: transversalidad,

sinodalidad y continuidad.

12. "Transversalidad" significa que la pastoral de la vida conyugal no se limita al ámbito restringido de los "encuentros de novios", sino que "atraviesa" muchos otros ámbitos pastorales y se tiene siempre presente en ellos. Esto evita una cierta división del trabajo pastoral en "compartimentos herméticos", que disminuye su eficacia. Por otra parte, la pastoral infantil, la pastoral juvenil y la pastoral familiar deben caminar juntas, en sinergia. Deben ser conscientes mutuamente de los caminos y objetivos pastorales que se proponen para dar lugar a un procesode crecimiento lineal y a una profundización gradual de la fe. El párroco debe desempeñar un importante papel de coordinación en este sentido, que deberá compartir con el equipo pastoral. Además, sería muy beneficioso que en estos tres ámbitos estuviera siempre presente la *perspectiva vocacional,* que unifica y da coherencia al camino de fe y de vida de las personas. Incluso la *pastoral social* debe integrarse con la pastoral familiar, pues no se puede entender una pastoral social adecuada hoy en día sin "escuchar" a la familia, al igual que no se puede entender a las familias sin tener en cuenta cómo son influenciadas por la realidad social actual.

13. La "sinodalidad" define el *modus vivendi et operandi* específico de la Iglesia. La Iglesia es comunión y realiza concretamente su ser comunión en el caminar juntos, en la coordinación de todos los ámbitos pastorales y en la participación activa de todos sus miembros en su misión evangelizadora.[18] De la misma manera, la

pastoral de la vida conyugal debe vivirse en este estilo sinodal, que debe ser "asumido" corresponsablemente por todos en la Iglesia, debe abarcar todos los ámbitos pastorales y debe ir de la mano del camino común de la Iglesia en cada época histórica, creciendo con ella, actualizándose y renovándose con ella.

14. La "continuidad" se refiere al carácter no "episódico" sino "prolongado en el tiempo" - incluso se podría decir "permanente" - de la pastoral de la vida conyugal. Esto permite establecer itinerarios pedagógicos que, en las distintas etapas del crecimiento - humano y de la fe -, acompañen a los niños y a los jóvenes al descubrimiento gradual de su vocación: ya sea al matrimonio, al sacerdocio o a la vida religiosa. Por eso es necesario enraizar la vocación al matrimonio en el camino de iniciación cristiana en la fe desde la infancia.[19]

15. A la luz de lo que se acaba de decir, es necesario repensar seriamente el modo en que la Iglesia acompaña el crecimiento humano y espiritual de las personas. De hecho, en no pocos países, en la vida y la actividad ordinaria de las parroquias, hay largos períodos de "abandono pastoral" de ciertas fases de la vida de las personas y de las familias, que lamentablemente provocan el alejamiento de la comunidad y, a menudo, también de la fe: pensemos, por ejemplo, en los padres después de las catequesis para el bautismo de sus hijos, o en los niños después de la primera comunión. Precisamente para colmar estas "lagunas pastorales", conviene pensar en itinerarios vocacionales específicos como continuación de la formación catequética de

base y de otros itinerarios de acompañamiento, para que los padres puedan seguir el crecimiento espiritual de sus hijos durante la infancia y la adolescencia y se sientan apoyados por una comunidad con la que puedan compartir sus reflexiones y experiencias.[20]

II. Una Propuesta Concreta

16. El papa Francisco aconsejó «realizar un verdadero catecumenado de los futuros esposos, que incluya todas las etapas del camino sacramental: los tiempos de la preparación al matrimonio, de su celebración y de los años inmediatamente sucesivos».[1] Como ya se ha dicho, corresponde a cada diócesis/eparquía elaborar, o repensar, su propio itinerario de preparación al matrimonio inspirado en el catecumenado prebautismal. Habrá que hacerlo, obviamente, teniendo en cuenta las posibilidades y los límites definidos por el propio contexto geográfico, cultural y pastoral, inspirándose en estas directrices de forma flexible y creativa.

En la elaboración de este proyecto hay que tener en cuenta ciertos requisitos:

- que dure el tiempo suficiente para que las parejas puedan reflexionar y madurar;
- que, partiendo de la experiencia concreta del amor humano, la fe y el encuentro con Cristo se sitúen en el centro de la preparación al matrimonio;
- que se organice por etapas, marcadas – cuando sea posible y apropiado – por ritos de pasos que se celebren dentro de la comunidad;
- que englobe todos estos elementos (sin

excluir ninguno): formación, reflexión, diálogo, confrontación, liturgia, comunidad, oración, fiesta.

Es importante, sin embargo, subrayar que incluso cuando una diócesis/eparquía ha desarrollado su proprio itinerario de preparación al matrimonio, esta "herramienta pastoral" no puede ser simplemente "impuesta" como la única manera de preparar el matrimonio, sino que debe ser utilizada con discernimiento y sentido común, sabiendo muy bien que hay casos en los que el catecumenado matrimonial no podrá o no deberá ser seguido, sino que hay que encontrar otras maneras y formas de preparación al matrimonio.

Modalidades

17. Será oportuno, después de haber elaborado el propio itinerario del catecumenado matrimonial, que la diócesis/eparquía lo someta a un período de experimentación y prueba a través de un "proyecto piloto", que se pondrá en marcha, en un primer momento, en todas o sólo en algunas parroquias (según la realidad pastoral). Tras este primer ensayo, será necesario recoger las opiniones y evaluaciones tanto de los agentes de pastoral como de las parejas participantes, para reflexionar juntos sobre los méritos y las deficiencias encontradas, y hacer los ajustes necesarios en consecuencia.

18. Ante la pluralidad de situaciones personales, la diócesis/eparquía podría prever una forma común de

itinerario catecumenal, evaluando seguidamente cómo personalizar el camino según las parejas. La creatividad pastoral será esencial, así como la flexibilidad con respecto a la situación concreta de las diferentes parejas: práctica religiosa, motivaciones sociales y económicas, edad, convivencia, presencia de hijos y otros factores relacionados con la decisión de casarse.

19. El Ritual de Iniciación Cristiana para Adultos puede ser un marco de referencia general en el que inspirarse. Será especialmente importante hacer hincapié en lo que precede y sigue al catecumenado (primera evangelización y mistagogía, respectivamente); asegurar que las transiciones de un tiempo a otro estén marcadas por el discernimiento, los símbolos y los ritos (cuando no sea desaconsejable por razones culturales); que haya una clara conexión entre los otros sacramentos (bautismo, eucaristía, confirmación) y el matrimonio. Todo ello, teniendo en cuenta que la pedagogía de la fe implica el encuentro personal con Cristo, la conversión del corazón y de la vida práctica, y la experiencia del Espíritu en la comunión eclesial.

20. Es necesario que todos aquellos que acompañan – matrimonios, sacerdotes y agentes de pastoral en general – tengan una formación y un estilo de acompañamiento adecuados al itinerario catecumenal. Como ya se ha dicho, no se trata tanto de transmitir nociones o de adquirir competencias, sino de guiar, ayudar y estar cerca de las parejas en un camino que hay que recorrer juntos. El catecumenado matrimonial no es una preparación para un "examen que hay que pasar",

sino para una "vida que hay que vivir". Para ello, es prioritaria la formación y actualización continua de los sacerdotes y religiosos, que a menudo utilizan un lenguaje "alejado" de la realidad concreta de las familias e incomprensible para ellas, también por los contenidos demasiado abstractos en la forma de presentarlos. Lo mismo ocurre con el "tono" general que debe emplearse en este camino catecumenal, que debe ir mucho más allá de la "llamada moralista" y ser, en cambio, proactivo, persuasivo, alentador y todo orientado hacia lo bueno y lo bello que es posible vivir en el matrimonio. En definitiva, la exhaustividad, la precisión de los contenidos y el estilo del acompañamiento deben tener como objetivo resaltar la dignidad y el valor de cada persona y, al mismo tiempo, la dignidad y el valor de la vocación a la que está llamada, siempre enmarcada en una realidad concreta. Este cuidado del estilo es particularmente importante hoy en día, a la luz del hecho de que muchas parejas de novios viven en situaciones de convivencia complejas, en las que les resulta difícil comprender el significado sacramental de la elección que van a hacer y la "conversión" que dicha elección conlleva, aunque "vislumbren" el misterio más grande del sacramento respecto a la mera convivencia. Por lo tanto, será necesaria la gradualidad, la acogida y el apoyo, pero también el testimonio de otros cónyuges cristianos que acojan y "estén presentes" en el camino. Por ello, es importante que en las comunidades se dé más espacio a la presencia activa de los cónyuges como matrimonios, como agentes de la pastoral matrimonial, y no sólo como creyentes individuales. Las experiencias "personalizadas" en subgrupos deben reforzarse para trabajar, escuchar y preparar – si es necesario también con cada pareja por separado - para que las parejas sean seguidas de cerca por los matrimonios acompañantes, que pueden contribuir a crear un clima de amistad y confianza. Usar la casa también sirve para que se sientan acogidos y a gusto.

21. El equipo de acompañantes que guía el camino puede estar formado por matrimonios ayudados por un sacerdote y otros expertos en pastoral familiar, así como por religiosos e incluso por parejas separadas que han permanecido fieles al sacramento, que pueden ofrecer su testimonio y experiencia vocacional de forma constructiva, contribuyendo así a mostrar el rostro de una Iglesia acogedora, plenamente inmersa en la realidad, y que está al lado de todos. Hay que procurar asignar esta tarea no a una sola, sino a varias parejas, preferiblemente de diferentes edades, y no asignar el mismo equipo durante muchos años, previendo una rotación adecuada. La colaboración entre parroquias y/o áreas pastorales es también indispensable para favorecer la diversificación de caminos y la posibilidad de ofrecer un camino de formación a todos.

22. Algunas temáticas complejas relativas a la sexualidad conyugal o a la apertura a la vida (por ejemplo, la paternidad responsable, la inseminación artificial, el diagnóstico prenatal y otras cuestiones bioéticas) tienen fuertes implicaciones éticas, relacionales y espirituales para los cónyuges, y requieren hoy en día una formación específica y una claridad de ideas. Sobre todo, porque algunas formas de abordar estas cuestiones presentan aspectos morales problemáticos. Los propios

acompañantes no siempre están capacitados para tratar estas cuestiones, que en cambio están muy extendidas. La participación de personas más experimentadas, en estos casos, es aún más apropiada.[2]

23. En el transcurso del itinerario, los ritos tienen la función de marcar la conclusión de una etapa y el comienzo de la siguiente, y pueden ser el lugar apropiado para manifestar libremente la voluntad de continuar el itinerario, marcando así la profundización gradual del camino. El rito también marca la compenetración gradual entre el crecimiento de la fe y el crecimiento del amor de los novios. Entre los ritos a considerar, antes de llegar al rito matrimonial propiamente dicho, pueden estar: la entrega de la Biblia a los novios, la presentación a la comunidad, la bendición de los anillos de compromiso, la entrega de una "oración de pareja" que los acompañará en su camino. La conveniencia de esto se evaluará según la realidad eclesial local. Cada uno de estos ritos puede ir acompañado de un retiro, que puede convertirse en una oportunidad para el discernimiento y la decisión de continuar o no con la siguiente etapa, en diálogo espiritual con el equipo acompañante. A su vez, en los primeros años de vida matrimonial, se podría sugerir la entronización de un "altar familiar", es decir, un lugar en el hogar donde los cónyuges y los hijos se recojan en oración.

Fases y etapas

24. En una perspectiva pastoral a largo plazo, sería bueno que el itinerario propiamente catecumenal fuera precedido por una fase pre-catecumenal: esto

coincidiría prácticamente con el largo tiempo de "preparación remota" al matrimonio, que comienza desde la infancia. La fase propiamente catecumenal consta de tres etapas distintas: la preparación próxima, la preparación inmediata y el acompañamiento de los primeros años de vida matrimonial. Entre la fase pre-catecumenal y la propiamente catecumenal, se puede prever una fase intermedia en la que tiene lugar la acogida de los candidatos, que podría terminar con un rito de entrada en el catecumenado matrimonial. Resumiendo, de forma esquemática lo que se expondrá más adelante, ésta podría ser la sucesión de las distintas fases y etapas, con algunos de los ritos y retiros que marcan su paso:

A. *Fase pre-catecumenal: preparación remota*
   - Pastoral de la infancia
   - Pastoral juvenil

B. *Fase intermedia (algunas semanas): tiempo de acogida de los candidatos*
   - Rito de entrada al catecumenado (al final de la fase de acogida)

C. *Fase catecumenal*
   - Primera etapa: preparación próxima (aproximadamente un año)
   - Rito del compromiso (al final de la preparación próxima)
   - Breve retiro de entrada a la preparación inmediata
   - Segunda etapa: preparación inmediata (varios meses) Breve retiro de preparación para la boda (unos días

antes de la celebración)
- Tercera etapa: primeros años de vida matrimonial (2-3 años)

Dos especificaciones

25. La experiencia pastoral en gran parte del mundo muestra ahora la presencia constante y generalizada de "nuevas solicitudes" de preparación al matrimonio sacramental por parte de parejas que ya viven juntas, han celebrado un matrimonio civil y tienen hijos. Tales peticiones ya no pueden ser eludidas por la Iglesia, ni pueden ser aplanadas dentro de caminos trazados para quienes vienen de un camino mínimo de fe; más bien, requieren formas de acompañamiento personalizado, o en pequeños grupos, orientadas a una maduración personal y de pareja hacia el matrimonio cristiano, a través del redescubrimiento de la fe a partir del bautismo y la comprensión gradual del significado del rito y sacramento del matrimonio. Para estas parejas, las Iglesias particulares podrían pensar en itinerarios catecumenales fuera de la *pastoral evolutiva* de la juventud y del noviazgo - como el que se propone en este documento - que, aunque conduzcan a la misma conciencia vocacional y sacramental, parten de su específica experiencia concreta de vida. Esto daría forma a una nueva propuesta para tratar de responder a las necesidades de una realidad familiar contemporánea diferente a la de décadas anteriores, pero aún deseosa de acercarse a la Iglesia y al "gran misterio" del matrimonio.

26. En la siguiente descripción, el itinerario presenta algunos "ritos". Hay que prestar atención a cómo se

realizan estos ritos y, sobre todo, a cómo se perciben. De hecho, aunque la acogida por parte de las parejas que participan en este itinerario de formación es generalmente muy positiva, la experiencia también ha demostrado que pueden existir posibles riesgos, especialmente en algunos países, debido a una cultura y a una mentalidad especialmente sensibles a los gestos rituales y a su relevancia social. Se ha constatado, en efecto, que la excesiva "exposición" pública de los novios, con la participación en los diversos ritos del itinerario catecumenal de las familias y de toda la comunidad parroquial, hace que estos ritos sean percibidos casi como "anticipaciones" del matrimonio, generando falsas expectativas y una indebida presión psicológica sobre los novios. Es evidente que todo esto podría influir negativamente en el proceso de discernimiento de los novios y limitar su libertad, creando así las condiciones para una celebración nula del matrimonio. Recomendamos, por lo tanto, la necesaria prudencia y una cuidadosa evaluación de cómo proponer estos ritos, según el contexto social en el que se actúe. En algunos casos, por ejemplo, puede ser preferible que estos ritos se celebren sólo dentro del grupo de parejas que sigue el itinerario, sin involucrar a las familias u otras personas. En otros casos, sin embargo, es preferible evitarlos por completo.

A. Fase pre-catecumenal: preparación remota

27. La preparación remota precede el itinerario catecumenal propiamente dicho. Pretende, desde la infancia, "preparar el terreno" en el que se puedan injertar las semillas de la futura vocación a la vida

matrimonial. El "terreno" está bien preparado si se inculca a los niños la estima por cada valor humano auténtico, si se cultiva la estima de sí mismo y la estima por los demás, si se enseña el auto-control incluso en las cosas pequeñas, el uso correcto de las propias inclinaciones, el respeto por las personas de otro sexo y la dignidad de todo ser humano en general.[3]

28. La Iglesia, con premuroso cuidado maternal, buscará el modo más adecuado de "narrar" a los niños el proyecto de amor que Dios tiene para cada persona, del que el matrimonio es un signo, y que, también en su caso, se manifestará como una llamada vocacional. La felicidad de generaciones enteras depende de ello. Al fin y al cabo, la vocación familiar concierne a la mayoría de las personas del mundo. Para ello, será necesario formar ya en los niños una sana antropología cristiana – que incluya los primeros elementos de la sexualidad humana y de la teología del cuerpo[4] – y desarrollar su identidad bautismal en una perspectiva vocacional, tanto al matrimonio como a la vida religiosa.

29. El proceso de formación iniciado con los niños podrá ser continuado y profundizado con los adolescentes y jóvenes, para que no lleguen a la decisión de casarse casi por casualidad y después de una adolescencia marcada por experiencias afectivas y sexuales dolorosas para su vida espiritual. Estas experiencias pueden causar profundas heridas afectivas, que resurgirán cuando sean adultos en su vida sexual y conyugal. Si esto ocurre, el equipo pastoral debe ser capaz de proponer la ayuda de expertos que, a nivel personal, puedan acompañar

a estos jóvenes. Muchos de ellos, además, por diversas razones, debido a su contexto familiar, social o cultural, llegan a la edad adulta sin ninguna preparación para la vida conyugal, y otros tantos nunca han pensado en el matrimonio como una vocación y, por lo tanto, se conforman con la cohabitación. La mayoría de las veces, esto ocurre no por una aversión explícita a la dimensión religiosa, sino por desconocimiento de la inmensa riqueza que contiene la gracia sacramental del matrimonio cristiano, o por otras razones sociales o culturales.[5] Por esta razón, será importante preparar a los agentes de pastoral para que sepan utilizar un lenguaje adecuado y sepan presentar la Palabra de una manera que los jóvenes puedan comprenderla, que se sitúe en su realidad, y que sea capaz de suscitar en ellos un verdadero interés.

30. Los jóvenes están expuestos a dos peligros: por un lado, la difusión de una mentalidad hedonista y consumista que les priva de toda capacidad de comprender el bello y profundo significado de la sexualidad humana. Por otro, la separación entre la sexualidad y el "para siempre" del matrimonio. Los procesos de educación de la afectividad y de la sexualidad - en el horizonte de "una educación sexual positiva y prudente" - que se proponen a los niños "a medida que crecen",[6] no deben limitarse al horizonte del amor "a secas", ya que éste, en la interpretación cultural dominante se entiende principalmente como amor romántico, por el contrario, deben insertarse en una clara visión conyugal del amor, entendido como una entrega recíproca de los cónyuges, como un saber amar y un saber dejarse amar, como un

intercambio mutuo de afecto y aceptación incondicional, como un saber alegrarse y saber sufrir por el otro.[7] Es especialmente urgente crear o reforzar los itinerarios pastorales dirigidos especialmente a los jóvenes en edad de pubertad y adolescencia. En efecto, ante los retos actuales, la familia no puede y no logra ser el único lugar de educación en la afectividad. Por eso necesita la ayuda de la Iglesia. Para ello, será importante formar adecuadamente a los formadores que acompañan a los más jóvenes en la educación de la sexualidad y la afectividad, implicando a expertos y creando sinergias, por ejemplo, con centros de asesoramiento de inspiración cristiana o proyectos pastorales de educación de la afectividad aprobados y conocidos por la diócesis/eparquía o por la conferencia episcopal.

31. Tanto la fase de la infancia como la de la adolescencia y de la primera juventud forman parte de un único itinerario educativo, sin interrupción en la continuidad, basado en dos verdades fundamentales: «la primera es que el hombre está llamado a vivir en la verdad y en el amor; la segunda es que cada hombre se realiza mediante la entrega sincera de sí mismo»[8] en una vocación. Iluminar a los jóvenes sobre la relación que tiene el amor con la verdad les ayudará a no temer de forma fatalista los sentimientos cambiantes y la prueba del tiempo.[9]

32. El itinerario educativo de la preparación remota debe ser tenido en cuenta en el enfoque pastoral de cada parroquia u otra realidad eclesial. En particular, debería anunciarse explícitamente en el contexto de la pastoral juvenil (incluidos los grupos de adolescentes) y

proponerse como un momento favorable para comenzar a madurar la vocación esponsal.[10] Sería oportuno iniciar la colaboración con las asociaciones y movimientos laicales para llevar a cabo intervenciones pastorales en sinergia y con un espíritu de comunión eclesial.[11]

33. Lo que ayuda mucho a los jóvenes es un acompañamiento cercano y rico de testimonio. Siempre despierta un gran interés entre los jóvenes escuchar directamente a los cónyuges que cuentan su historia como pareja, dando las razones de su "Sí", o el testimonio de las parejas de novios - incluso de los que aún no han decidido casarse - que buscan vivir cristianamente su noviazgo como un importante tiempo de discernimiento y verificación, incluyendo a los que han hecho la elección de la castidad antes del matrimonio, y que cuentan a los jóvenes las razones de su elección y los frutos espirituales que se derivan de ella.[12]

34. Los jóvenes también necesitan momentos personalizados, dedicados a cada uno individualmente,[13] para arrojar luz sobre las dudas y perplejidades, para enfrentarse a los miedos e inseguridades, para ser ayudados a reflexionar sobre la posible inmadurez, para aprender a superar la cerrazón del ego y abrirse al amor concreto de otra persona.[14]

35. Muchos jóvenes no captan el estrecho vínculo que existe entre vida de fe y vida afectiva. Cultivar el amor humano verdadero y sincero predispone al encuentro con el amor más grande de Dios y facilita el descubrimiento (o redescubrimiento) de la fe. Al mismo tiempo, el

encuentro con el amor de Dios y el descubrimiento (o redescubrimiento) de la fe dan un nuevo sentido y profundidad a la experiencia del amor humano.[15] La fe en sí posee una forma de conocimiento que le es propia, que viene del amor y se abre al amor.[16] Los jóvenes, por tanto, en esta etapa remota, necesitan ser guiados en un crecimiento armónico que una las dimensiones humana y espiritual del amor, especialmente en aquellos que se acercan a la preparación al matrimonio con una experiencia de fe muy aproximada y sin participar activamente en la vida eclesial.

36. En resumen, los objetivos de la preparación remota son: a) educar a los niños en la estima de sí mismos y en la estima de los demás, en el conocimiento de la propia dignidad y en el respeto a de los demás; b) presentar a los niños la antropología cristiana y la perspectiva vocacional contenida en el bautismo que conducirá al matrimonio o a la vida consagrada; c) educar a los adolescentes en la afectividad y la sexualidad en vista de la futura llamada a un amor generoso, exclusivo y fiel (ya sea en el matrimonio, en el sacerdocio o en la vida consagrada); d) proponer a los jóvenes un camino de crecimiento humano y espiritual para superar la inmadurez, los miedos y las resistencias a abrirse a relaciones de amistad y de amor, no posesivas ni narcisistas, sino libres, generosas y oblativas.

B. Fase intermedia: acogida de los candidatos

37. La fase intermedia de acogida puede tener una duración variable: unas semanas para los que ya provienen de un proceso de formación cristiana,

unos meses para los que, además de hacer un primer discernimiento en su compromiso, necesitan profundizar en su identidad bautismal. También se puede prever una fase de acogida para las parejas que se incorporan al itinerario más tarde.

38. El momento de la acogida no debe limitarse a una cita formal para presentarse y ocuparse de las formalidades burocráticas, sino que debe vivirse como un momento de encuentro y conocimiento personalizado. El estilo de relación y de acogida implementado por el equipo pastoral será determinante. Esto se aplica tanto a los que vienen de un período de formación remota - y, por tanto, de una vida de fe y participación eclesial ya consolidada - como a los que se acercan a la comunidad parroquial por primera vez.[17] En este segundo caso, sobre todo cuando se trata de personas alejadas de la práctica religiosa y, a menudo, de cualquier argumento de fe, es importante que el momento de la acogida se convierta en una proclamación del *kerigma*, para que el amor misericordioso de Cristo constituya el auténtico "lugar espiritual" en el que se acoge a la pareja.[18]

39. No sólo el "primer anuncio" de la fe tiene un carácter *kerigmático*, sino que el mismo sacramento del matrimonio debe ser objeto de un verdadero anuncio por parte de la Iglesia, especialmente en relación con las personas que carecen de una experiencia madura de fe y de compromiso eclesial. Dichas personas deben ser capaces de ver en las parejas ya casadas, y experimentar por sí mismos, que la vida conyugal es la respuesta a las expectativas más profundas de la persona humana

en su deseo de reciprocidad, comunión y fecundidad, tanto física como espiritual.[19] La propuesta catequética, por lo tanto, tratará de resaltar la naturaleza conyugal y familiar del amor y destacará todas sus características peculiares: totalidad, complementariedad, unicidad, definitividad, fidelidad, fecundidad, carácter público. El "anuncio evangélico" sobre el matrimonio mostrará que estas son las características que surgen del dinamismo intrínseco del amor humano. Esto significa que la fidelidad, la unicidad, la definitividad, la fecundidad, la totalidad, son, al fin y al cabo, las "dimensiones esenciales" de todo vínculo de amor auténtico, comprendido, deseado y coherentemente vivido por un hombre y una mujer, y no sólo las "características conocidas" del matrimonio "católico". En consecuencia, el sacramento del matrimonio puede presentarse a las parejas no como una mera obligación moral o legal a la que someterse, sino como un don, una gracia ofrecida, una ayuda que Dios pone a su disposición precisamente para realizar las exigencias del auténtico amor. La pastoral conyugal, en definitiva, debe tener siempreun tono alegre y *kerigmático* - vigoroso y al mismo tiempo proactivo - en línea con lo que Juan Pablo II y Francisco sugieren.[20] El testimonio, la belleza y la fuerza motriz de las familias cristianas podrán acudir en ayuda de los pastores ante estos desafíos.[21]

40. En este momento en el que se empieza a conocer a las parejas que pueden ser invitadas al catecumenado matrimonial, se debe prestar especial atención a todas aquellas que han preferido convivir juntas sin casarse, pero que, sin embargo, siguen abiertas al tema religioso

y dispuestas a acercarse a la Iglesia. Con una mirada comprensiva,[22] han de ser acogidas con calidez y sin legalismo, apreciando su "deseo de familia", evitando ejercer cualquier presión sobre ellas, sino simplemente invitándoles a un tiempo de escucha y reflexión, dejando claro que la eventual decisión de celebrar el matrimonio sacramental la tomarán ellas, de forma autónoma y por convicción personal, como fruto de este tiempo de discernimiento.[23]

41. La acogida puede estar a cargo de una pareja de esposos, asistidos, cuando sea posible, por el sacerdote. Puede consistir en algunos encuentros durante los cuales, en un ambiente cómodo y fraterno, se intentará comprender, junto con la pareja, las verdaderas razones por las que piden prepararse para el matrimonio, o en todo caso hacer un camino de discernimiento. Es el momento oportuno para purificar las motivaciones ambiguas que pueden subyacer a la petición de matrimonio en la Iglesia y, en el caso de las personas que se han alejado de la práctica religiosa, para una primera proclamación de la fe. Se dejará tiempo para que la pareja piense junta, decida y haga una elección consciente. Por lo tanto, es bueno que el diálogo con los candidatos se produzca en varios momentos. Para orientar y concretar el trabajo de introspección de la pareja, puede ser útil dejar un esquema de reflexión con vistas a los encuentros posteriores.

42. Tanto para los que ya viven la dimensión religiosa y eclesial como para los que carecen de una experiencia de fe, es importante que exista una voluntad interior de

iniciar con el catecumenado matrimonial un camino de fe conversión. Sólo cuando las parejas hayan madurado su decisión de continuar en el camino de la fe, pasarán a la siguiente etapa.

43. Como ya se ha dicho, la presencia muy numerosa hoy en día de personas bautizadas que piden matrimonio por la Iglesia sin una experiencia madura de fe y de implicación eclesial requiere una actitud pastoral de mayor atención hacia ellas que la que se ha tenido hasta ahora.[24] Se ha de tener un gran cuidado en abordar estas situaciones con la actitud adecuada, evitando propuestas superficiales y apresuradas, viéndolas, en cambio, como una preciosa oportunidad para anunciar y estar cerca de los hermanos y hermanas "pequeños en la fe", a los que hay que acompañar hacia la plenitud de la vida cristiana y hacia la plenitud del sacramento nupcial,[25] de modo que «todo hombre y toda mujer que se casan, celebren el sacramento del matrimonio no sólo válida sino también fructuosamente».[26]

44. A las personas bautizadas no practicantes, con poca o ninguna experiencia de fe, será más necesario que nunca dirigirles una invitación explícita a seguir un itinerario catecumenal, orientado a una acogida del *kerigma*, a una formación de la mente y del corazón según las enseñanzas de Jesús, y a una integración en la vida de la Iglesia. El magisterio de los tres últimos papas, de hecho, ha subrayado y reafirmado la relación entre la fe y el sacramento del matrimonio.[27] La presencia de una fe viva y explícitaen las parejas es, obviamente, la situación ideal para llegar al matrimonio con una

intención clara y consciente de celebrar un verdadero matrimonio: indisoluble y exclusivo, ordenado al bien de los cónyuges y abierto a la descendencia. Sin embargo, una condición necesaria para el acceso al sacramento del matrimonio y su validez sigue siendo, no un cierto "nivel mínimo de fe" por parte de los que se quieren casar establecido a priori,[28] sino su intención de hacer lo que la Iglesia entiende realizar al celebrar el matrimonio entre bautizados.[29]

45. En el plano pastoral, hay que valorar cuidadosamente las diferentes situaciones de los bautizados que muestran una insuficiente disposición a creer.

Si rechazan explícita y formalmente lo que la Iglesia quiere realizar al celebrar el matrimonio, los novios no podrán ser admitidos a la celebración sacramental.[30] A veces ocurre que este rechazo está realmente presente en la mente y en el corazón de los novios sin que sean plenamente conscientes de ello o sin que lo manifiesten abiertamente. Es, por tanto, un grave deber de los agentes de la pastoral hacer aflorar las verdaderas intenciones de los novios para que ellos mismos tomen conciencia de ellas y las manifiesten sinceramente a sus acompañantes, a fin de evitar que la preparación y la celebración del matrimonio se reduzcan a actos puramente exteriores.

Si, por el contrario, sin negar lo que quiere realizar la Iglesia, existe una disposición imperfecta por parte de los que se quieren casar, no debe excluirse su admisión a la celebración del sacramento. Los agentes de la pastoral no dejarán de aprovechar esta situación como un momento favorable para que las parejas redescubran su fe y la lleven a una mayor madurez, volviendo a las raíces de su bautismo, reavivando la "semilla" de vida divina que ya ha sido sembrada en ellos, e invitándoles a reflexionar sobre la elección del matrimonio sacramental como consolidación, santificación y realización plena de su amor.[31] Sólo redescubriendo el don de ser cristianos - nuevas criaturas, hijos de Dios, amados y llamados por Él - es posible un claro discernimiento del sacramento del matrimonio, en continuidad con la propia identidad bautismal y como realización de una llamada específica de Dios. El despertar de la fe, en efecto, lleva naturalmente a percibir la fuerza dela gracia sacramental presente en el matrimonio y a disponerse a acogerla de la mejor manera posible.[32]

46. Algunas situaciones, cada vez más frecuentes en todas las regiones del mundo, merecen una atención especial y un cuidado pastoral: se trata de aquellas parejas en las que una parte es cristiana y la otra es de una religión no cristiana, o en las que una parte es católica y la otra es de otra confesión cristiana, no católica. Asimismo, puede haber parejas en las que ambas partes son católicas, pero una de ellas se niega a seguir el camino catecumenal. En todos estos casos, corresponderá al presbítero valorar la mejor manera de proceder en la preparación al matrimonio

47. Al final de la fase de acogida, si la decisión de entrar en el itinerario catecumenal ha madurado, la pareja

se introducirá en el primer período de formación para el matrimonio (preparación próxima). Este paso puede expresarse con un rito de entrada al catecumenado propiamente dicho. Esto puede hacerse de forma sencilla, presentando a las parejas a la comunidad durante la celebración dominical, con una breve formula, una oración apropiada al momento y algunos gestos concretos, como la entrega de la Biblia, pero evitando que dicho rito pueda parecer de alguna manera un "rito matrimonial". La comunidad debe tener claro que estas parejas entran en el camino catecumenal, como un período de discernimiento respecto a la elección del matrimonio. Como alternativa, especialmentesi por razones culturales fuera más apropiado evitar un ritual "público" y comunitario, se podría invitar a las parejas a un momento más íntimo de oración, dentro del grupo de nuevos catecúmenos, junto con el equipo de acompañamiento, y entregarles la Biblia u otro símbolo adecuado para la ocasión.

C. Fase catecumenal

48. El catecumenado será un período de formación de duración variable, que comprende la preparación próxima, la preparación inmediata y el acompañamiento durante los primeros años de matrimonio. Las indicaciones que siguen pretenden ser sólo orientativas y deben ser aplicadas con inteligencia pastoral según las posibilidades concretas quese presenten en cada Iglesia particular.

En líneas generales, se sugiere que la preparación próxima dure aproximadamente un año, dependiendo de la experiencia previa de la pareja en materia de fe y participación eclesial. Una vez tomada la decisión de casarse - momento que podría sellarse con el rito del compromiso - se podría iniciar la preparación inmediata al matrimonio, de unos meses de duración, para configurarse como una verdadera y propia iniciación al sacramento nupcial. La duración de estas etapas debe adaptarse, repetimos, teniendo en cuenta los aspectos religiosos, culturales y sociales del entorno en el que se vive e incluso la situación personal de cada pareja. Lo esencial es salvaguardar el ritmo de los encuentros para acostumbrar a las parejas a cuidar responsablemente su vocación y su matrimonio.

Primera etapa: preparación próxima

49. El catecumenado matrimonial en esta etapa adquirirá el carácter de un verdadero itinerario de fe, durante el cual el mensaje cristiano será redescubierto y reproducido en su perenne novedad y frescura.[33] Junto con la propuesta de una catequesis de iniciación cristiana a la fe, se revisarán los sacramentos de iniciación cristiana - el bautismo, la confirmación y la eucaristía - y el sacramento de la reconciliación. Un punto de referencia constante para las parejas serán las Sagradas Escrituras, especialmente el *Génesis,* los Profetas y el *Cantar de los Cantares,* que contienen textos fundacionales y simbólicos para el sacramento del matrimonio. Los candidatos al matrimonio también se iniciarán gradualmente en la oración cristiana - oración individual, comunitaria y de pareja - para adquirir un hábito de oración que será un gran apoyo para su futura vida matrimonial, especialmente en los momentos

de dificultad.[34] En esta etapa no se debe descuidar la preparación para la misión específica de los esposos, ya que el matrimonio es un sacramento para la misión.[35]

50. Se ayudará a las parejas a acercarse a la vida eclesial y a participar en ella.[36] Con delicadeza y calor humano, se les invitará a participar en los momentos de oración, en la eucaristía dominical, en la confesión, en los retiros, pero también en los momentos de celebración y convivencia. La propuesta debe aplicarse gradualmente (según la experiencia concreta de las personas), de modo que se ayude a cada pareja a sentirse a gusto en los diversos ámbitos de la vida comunitaria - litúrgicos, caritativos, agregativos - sin coacciones ni forzamientos, sino, por el contrario, sintiéndose objeto de una misericordia "inmerecida, incondicional y gratuita"[37] por haber recibido la llamada y el don de formar parte de la gran familia de los discípulos de Cristo.

51. Además de reanudar la iniciación cristiana en la fe, la preparación próxima supondrá también una iniciación al sacramento del matrimonio. Por este motivo, será fundamental preparar un itinerario de reflexión sobre los bienes propios del matrimonio durante esta etapa, para que las nuevas generaciones de casados se acerquen al sacramento con mayor conciencia, conociendo las notas esenciales que lo hacen tal, las gracias que se desprenden de él y los bienes que implica, pudiendo así disponerse a acoger estas gracias y abrazar estos bienes como un don.[38]

52. Será importante en esta etapa profundizar en todo lo

que tiene que ver con la relación de pareja y la dinámica interpersonal que conlleva, con sus "reglas", sus leyes de crecimiento, los elementos que la fortalecen y los que ladebilitan. Será de gran utilidad conocer mejor las diferentes actitudes psicológicas y afectivas típicas de hombres y mujeres, sus diferentes sensibilidades, sus diferentes formas de establecer y cultivar las relaciones, los "matices" propios del carácter masculino y femenino que entran en juego en toda relación de dos.[39] La realidad antropológica de la persona humana en general, y de los dos sexos en particular, creada y querida por Dios, debe ser conocida y comprendida bien, porque constituye el "material humano" que está en la base de la relación conyugal. Hay una "verdad" de la persona humana, así como una "verdad" específica del ser hombre y del ser mujer, que hay que aceptar y abrazar, ya que todo lo que va en contra de estas "verdades" y las pisotea, incluso dentro del matrimonio, genera malestar y sufrimiento.[40]

53. Hay también muchos otros aspectos vinculados a la realidad humana de la persona y de la pareja que deben ser debidamente explorados: la dinámica humana de la sexualidad conyugal, la concepción correcta de la paternidad-maternidad responsable, la educación de los hijos. Las catequesis y las enseñanzas cristianas ayudarán a consolidar el conocimiento de la verdad relacionada con el matrimonio y la formación de la conciencia personal.[41] En esta etapa, será valioso mejorar la experiencia de los cónyuges que ya tienen varios años de matrimonio a sus espaldas.

54. Este trabajo de profundización de la realidad humana de la persona y de la pareja, ha de tomar conciencia de las posibles carencias psicológicas y/o afectivas, que pueden debilitar o incluso anular por completo el compromiso de entrega y de amor mutuo que los cónyuges se prometen. Sin embargo, el descubrimiento de posibles carencias personales no tiene por qué suponer el abandono de la elección de la vida matrimonial, sino que puede ser el estímulo para iniciar un proceso más serio de crecimiento que prepare para alcanzar una condición suficiente de libertad interior y madurez psicológica para abrazar la vida conyugal con alegría y serenidad.[42]

55. El objetivo específico de esta etapa es finalizar el discernimiento de cada pareja sobre su vocación matrimonial. Esto puede llevar a la decisión libre, responsable y meditada de contraer matrimonio, o puede llevar a la decisión igualmente libre y meditada de terminar la relación y no casarse. Para ofrecer "materia" de discernimiento a la pareja, esta etapa explorará no sólo la teología del matrimonio, sino también los muchos otros aspectos relacionados con la "práctica" de la vida conyugal: las intenciones que se tienen con respecto a la voluntad de comprometerse para toda la vida y con respecto a la descendencia, las posibles incompatibilidades, las expectativas y la visión personal que se tiene con respecto al amor y a la vida conyugal. Se trata de hacerles comprender la diferencia entre "prepararse para el día de la boda" (*preparation of a wedding*) y "prepararse a la vida matrimonial" (*preparation to a marriage*).

Se invitará a los futuros cónyuges a discernir con realismo y sinceridad - cada uno por su lado y juntos - si el camino matrimonial corresponde a lo que desean y a lo que el Señor les llama.[43] Este discernimiento, que debe realizarse también en el marco del diálogo espiritual, tanto personal como de pareja, no debe subestimarse, ya que la experiencia de los tribunales eclesiásticos muestra la extrema fragilidad de las parejas que, a pesar de su fe y entusiasmo inicial, carecen de los requisitos fundamentales que serían necesarios para contraer matrimonio: capacidad y voluntad.[44]

56. Cada persona será acompañada en su camino de reflexión, conversión y comprensión del significado de la vida conyugal, siguiendo siempre la lógica del respeto, la paciencia y la misericordia.[45] La lógica de la misericordia, sin embargo, nunca lleva a oscurecer las «exigencias de verdad y caridad del Evangelio propuestas por la Iglesia»,[46] y nunca debe permitirse oscurecer el designio divino sobre el amor humano y el matrimonio en toda su belleza y grandeza.[47] Los ideales más elevados y nobles pueden parecer exigentes y arduos, pero también son los que atraen más poderosamente al alma humana, la estimulan a superarse y confieren valor y dignidad a nuestra existencia terrenal.

57. En este sentido, a la Iglesia no le debe faltar nunca el valor de proponer la preciosa virtud de la castidad,[48] por mucho que ahora esté en rotundo contraste con la mentalidad común. La castidad debe presentarse como una auténtica "aliada del amor", no como su negación. Es, de hecho, la forma privilegiada de aprender a respetar

la individualidad y la dignidad del otro, sin subordinarlo a los propios deseos. La castidad enseña a los recién casados los tiempos y los caminos del amor verdadero, delicado y generoso, y los prepara para el auténtico don de sí mismos que se vivirá luego durante toda la vida en el matrimonio.[49] Es importante, por lo tanto, mostrar que la virtud de la castidad no sólo tiene una dimensión negativa que pide a cada uno, según su estado de vida, abstenerse de un uso desordenado de la sexualidad, sino que también posee una dimensión positiva muy importante de libertad de la posesión del otro - en términos físicos, morales y espirituales - que, en el caso de la llamada al matrimonio, tiene una importancia fundamental para orientar y alimentar el amor conyugal, preservándolo de cualquier manipulación. La castidad, en definitiva, enseña, en cualquier estado de la vida, a ser fiel a la verdad del propio amor. Esto significará, para los novios, vivir la castidad en continencia y, una vez casados, vivir la intimidad conyugal con rectitud moral.[50]

La castidad vivida en continencia permite que la relación madure gradualmente y en profundidad. Cuando, dehecho, como sucede a menudo, la dimensión sexual-genital se convierte en el elemento principal, si no el único, quemantiene unida a una pareja, todos los demás aspectos, inevitablemente, pasan a un segundo plano o se oscurecen y la relación no progresa. La castidad vivida en continencia, por el contrario, facilita el conocimiento recíproco entre los novios, porque al evitar que la relación se fije en la instrumentalización física del otro, permite un diálogo más profundo, una manifestación más libre del corazón y el surgimiento de todos los aspectos de la propia personalidad - humanos y espirituales, intelectuales y afectivos - de manera que se permita un verdadero crecimiento en la relación, en la comunión personal, en el descubrimiento de la riqueza y de los límites del otro: y en esto consiste la verdadera finalidad del tiempo de noviazgo.[51]

Nunca es inútil hablar de la virtud de la castidad, ni siquiera cuando se habla a las parejas que conviven. Esta virtud enseña a todo bautizado, en cualquier condición de vida, el recto uso de su sexualidad, y por ello, incluso en la vida matrimonial, es de suprema utilidad. Como esposos, en efecto, emerge aún más claramente la importancia de aquellos valores y atenciones que enseña la virtud de la castidad: el respeto del otro, el cuidado de no someterlo nunca a los propios deseos, la paciencia y la delicadeza con el cónyuge en los momentos de dificultad, física y espiritual, la fortaleza y el autodominio necesarios en los momentos de ausencia o enfermedad de uno de los cónyuges, etc.[52] También en este contexto, la experiencia de los esposos cristianos será importante para explicar la importancia de esta virtud dentro del matrimonio y de la familia.

58. Hay que prestar especial atención al método espiritual que debe seguirse durante esta próxima etapa de preparación. Durante este tiempo de formación e iniciación, es necesario que la transmisión de contenidos teóricos vaya acompañada de la propuesta de un camino espiritual que incluya experiencias de oración (personal, comunitaria y de pareja), celebración

de los sacramentos, retiros espirituales, momentos de adoración eucarística, experiencias misioneras, actividades caritativas (según los contextos pastorales).

59. Al final de esta etapa, y como señal de entrada en la siguiente etapa de preparación inmediata, podría tener lugar el rito del compromiso. Este rito - con la bendición de los novios y de los anillos de compromiso (allí donde se utiliza esta costumbre) - adquiere todo su sentido sólo cuando se celebra y se vive con fe, ya que en él se piden al Señor las gracias necesarias para crecer en el amor y prepararse dignamente al sacramento del matrimonio.[53] La elección del momento más adecuado para la celebración de este rito será personalizada, en diálogo con los miembros del equipo acompañante y el ministro ordenado.

60. El rito del compromiso, en su valor personal y eclesial, debería ciertamente revalorizarse como un momento significativo en el camino de la fe hacia el sacramento del matrimonio. En este rito, la Iglesia "entrega" a las parejas la misión del noviazgo, que consiste en el discernimiento. Al ritualizar este momento, las parejas se hacen más conscientes de que en los meses siguientes están llamadas a alcanzar una certeza interior respecto a la decisión de casarse y a la persona con la que lo harán. A la luz del prudente juicio humano y a la luz de la fe, cada persona debe llegar a formular esta conclusión en su corazón sobre el futuro cónyuge: es el/la compañero/a que vivirá conmigo en una relación de amor auténtica, fiel y duradera y con el/la que construiremos juntos nuestra futura familia; es el/la compañero/a que el

Señor me ha dado para recorrer juntos un camino de santidad, que será padre/madre conmigo de los hijos que Él nos dará, y con el/la que viviré la "misión" denuestro matrimonio el resto de mi vida. Llegar a esta certeza es la "misión" del discernimiento que la Iglesia confía a la responsabilidad de las parejas, invitándolas a tomarla con la debida seriedad.

61. El rito del compromiso también se entiende como una "promesa de matrimonio".[54] Sin embargo, a partir de esta promesa, no existe ninguna obligación legal de contraer matrimonio y siempre se salvaguarda la libertad del contrayente para expresar su consentimiento matrimonial. La celebración del rito, asimismo, no debe confundirse en ningún caso con el matrimonio: por eso se recomienda no unir nunca los "esponsales" (promesa de matrimonio) o la bendición especial de los novios con la celebración de la misa.[55]El esquema de la celebración debe ser sencillo y sobrio: ritos iniciales, proclamación de la Palabra de Dios, oración de los fieles, posible "signo de compromiso" (por ejemplo, intercambio de anillos de compromiso), oración de bendición y conclusión del rito. Es importante recordar explícitamente el tema de la vocación nupcial y que las lecturas bíblicas y las oraciones por las parejas se centren en el amor conyugal, purificado, fortalecido, hecho estable y generoso por el propio amor de Dios derramado en los corazones humanos.

62. El hecho de que en esta etapa del itinerario de algún modo se formalice el "estatus" de los novios tiene una importancia considerable y debe entenderse también en su significado social y eclesial. Para los convivientes,

por ejemplo, puede convertirse en una ayuda para "objetivar" su relación - quizá percibida por algunos de ellos sólo en clave personal y "privada" - dándole una dimensión pública, que puede hacerles sentir parte de una comunidad acogedora, que los acompaña y se preocupa por su unión. Para todos ellos, es una invitación a comprender que la futura condición de "esposos", para la que se están preparando, va mucho más allá de una relación afectiva, confinada al ámbito privado de las experiencias emocionales, y dará lugar a una nueva realidad, la familia, que tiene un papel social y eclesial fundamental.[56]

63. En resumen, los objetivos de la preparación próxima son: a) volver a proponer una catequesis de iniciación a la fe cristiana y un acercamiento a la vida de la Iglesia; b) experimentar una iniciación específica al sacramento del matrimonio y llegar a una clara conciencia de sus notas esenciales; c) profundizar en los temas vinculados a la relación de pareja y tomar conciencia de las propias carencias psicológicas y afectivas; d) completar una primera fase de discernimiento de la pareja sobre la vocación nupcial; e) continuar un camino espiritual con más decisión.[57]

Segunda etapa: preparación inmediata

64. En los meses que preceden a la celebración del matrimonio, tiene lugar la preparación inmediata de las nupcias.[58] El inicio de esta nueva etapa puede estar marcado por un breve retiro espiritual y la entrega de un objeto simbólico, como una oración que las parejas pueden recitar juntas cuando se encuentren.

65. Será oportuno recordar los contenidos principales del camino de preparación seguido hasta ahora: se insistirá en las condiciones indispensables de libertad (en la pareja y de la pareja) y de plena conciencia de los compromisos asumidos con la elección que se va a hacer, ligada a las características esenciales del matrimonio (indisolubilidad, unidad, fidelidad, fecundidad) y que será objeto específico de las charlas canónicamente previstas con el párroco.[59] Al mismo tiempo, se recordarán los aspectos doctrinales, morales y espirituales del matrimonio. De este modo, será posible retomar con provecho los puntos esenciales de la iniciación al sacramento del matrimonio ya realizada en la fase anterior de la preparación próxima, o se podrá presentar como un verdadero "anuncio del evangelio del matrimonio" para las parejas que no vienen de ese camino previo.[60] En efecto, por diversas circunstancias, es posible que algunos matrimonios se inserten sólo ahora en el itinerario catecumenal y que la preparación inmediata sea la única posibilidad concreta para que reciban un mínimo de formación en vista de la celebración del sacramento del matrimonio. Para ellos, sería oportuno concertar algunos encuentros personalizados con el equipo de pastoral de preparación al matrimonio, para hacerles sentir el cuidado y la atención, para profundizar juntos en algunos aspectos más personales de la elección del matrimonio, según la situación de la pareja (que puede tener hijos y llevar mucho tiempo conviviendo), y para establecer una relación de confianza, cordialidad y amistad con los acompañantes. Al mismo tiempo, es aconsejable hacer que las parejas "nuevas" - que no vienen del camino de la preparación próxima - participen

también en las reuniones del grupo, para que se sientan acogidas e incluidas en el contexto eclesial en un tiempo relativamente breve.

66. Por lo tanto, habrá experiencias espirituales específicamente ideadas para las parejas (escucha de la Palabra, celebración de los sacramentos, momentos de oración personal y comunitaria) para volver a poner siempre en el centro el encuentro con el Señor como fuente de toda la vida cristiana. En efecto, siempre es necesario superar la mera visión sociológica del matrimonio para hacer comprender a los cónyuges el misterio de la gracia que está implícito en él y, más generalmente, para hacerles comprender toda la dinámica espiritual de la vida cristiana que subyace en él.

67. Por consiguiente, será útil reformular el anuncio *kerigmático* de la redención de Cristo que nos salva de la realidad del pecado, que siempre se cierne sobre la vida humana. Los cónyuges no deben olvidar nunca que es el pecado, en última instancia, la verdadera amenaza para su amor.[61] Mucho más grave que cualquier deficiencia psicológica, o cualquier dinámica interpersonal imperfecta, es el alejamiento de Dios, que desencadena en el corazón humano una espiral de cerrazón y egoísmo que impide el verdadero amor, porque impide la apertura, el respeto y la generosidad hacia los demás. Por eso, para poder crecer cada día en el amor mutuo, es indispensable dominar, con la ayuda de la gracia, el pecado que "está al acecho" a la puerta del propio corazón (*Gén* 4,7) y, además, recurrir al perdón de Dios que, en el sacramento de la reconciliación, otorga

su amor con más fuerza que cualquier pecado.[62]

68. A medida que se acerca la boda, será bueno que las parejas tomen conciencia de que no son espectadores, sino, en nombre de Cristo, ministros de la celebración de su matrimonio. De ahí la importancia de dedicar un amplio espacio a la preparación litúrgica de las parejas, es decir, a la plena comprensión de los gestos y significados propios del rito nupcial.[63] El ritual para la liturgia nupcial contiene en sí mismo un itinerario pedagógico, que abarca la riqueza de las dimensiones antropológica (la vida de las personas), bíblica (el proyecto de Dios sobre la familia), eclesial (la misión de la familia en la Iglesia y en el mundo) y espiritual (el camino de conversión y la respuesta a la acción del Espíritu), de tal manera que constituye el trazado de un camino para esta etapa. Las parejas deben ser iluminadas sobre el extraordinario valor de "signo sacramental" que va a adquirir su vida conyugal: con el rito nupcial, se convertirán en un sacramento permanente de Cristo que ama a la Iglesia. Al igual que los ministros ordenados están llamados a convertirse en "iconos vivos" de Cristo sacerdote, del mismo modo los cónyuges cristianos están llamados a convertirse en "iconos vivos" de Cristo esposo. Más que las palabras, es el mismo modo de vivir y relacionarse de los cónyuges el que debe hacer presente al mundo el amor generoso y total con el que Cristo ama a la Iglesia y a toda la humanidad.[64] Y, en efecto, éste es el extraordinario testimonio que tantos cónyuges cristianos dan al mundo: su capacidad de entrega recíproca y entrega a los hijos, su capacidad de fidelidad, de paciencia, de perdón

y de compasión son tales que hacen entrever que a la base de su relación hay una "fuente sobrenatural", un "algo más", inexplicable en términos humanos, que alimenta incesantemente su amor, hasta hacerlo parecer casi heroico.[65]

69. Con vistas a la celebración del matrimonio, se debe procurar que los novios participen en la elección de las lecturas de la misa y, si es necesario, también en las opciones previstas para otras partes del rito (por ejemplo, las diversas modalidades del rito de entrada, el momento de la bendición nupcial, las formas de oración de los fieles, los himnos, etc.). Un aspecto que hay que subrayar aún más es la conciencia de una nueva efusión del Espíritu Santo durante el rito nupcial, que, insertándose en el dinamismo de la gracia iniciado en el bautismo, da una nueva connotación a la caridad divina infundida en nosotros desde el mismo bautismo y que adquiere ahora los rasgos de la "caridad conyugal". Con esta nueva efusión del Espíritu, los corazones de los cónyuges se renuevan y su amor conyugal se orienta y se transforma en un amor que tiene en sí la profundidad y la fuerza inagotable del amor divino, es decir, la "caridad conyugal".[66] Los santos invocados en las letanías también actúan como intercesores de esta efusión. Sería de gran ayuda para los contrayentes poder invocar a los santos/beatos casados de nuestro tiempo, que ya han vivido la experiencia de ser esposos y esposas, padres y madres, y también a los santos intercesores, que son importantes para los recién casados, para realzar la dignidad del estado de vida matrimonial en la comunidad eclesial y ayudarles a

comprender la belleza y la fuerza de este sacramento en la economía de la salvación.

70. Unos días antes del matrimonio, un retiro espiritual de uno o dos días será muy beneficioso. Aunque esto puede parecer poco realista, dados los numerosos compromisos debidos a la planificación de la boda, hay que decir que, en los casos en que se ha aplicado, ha demostrado tener grandes beneficios. De hecho, es precisamente el ajetreo de las muchas tareas prácticas relacionadas con la próxima celebración lo que puede distraer a los novios de lo que más importa: la celebración del sacramento y el encuentro con el Señor que viene a "habitar" su amor humano llenándolo de su amor divino. La ansiedad excesivapor las "cosas que hay que hacer" puede causar distracción y eclipsar toda la preparación espiritual que se ha llevado a cabo durante meses. En este sentido, un breve retiro en el período previo a la boda puede ayudar a volver a centrarse en lo esencial, a apartar los ojos de las cosas secundarias y dirigirlos, en cambio, hacia el Señor, que sale al encuentro de los novios y lleva a cabo la vocación a la que los ha llamado. En el caso de que un verdadero retiro fuese imposible, podría servir de alternativa un tiempo de oración más corto (por ejemplo, un encuentro vespertino, como una "vigilia de oración"). En cualquier caso, la propuesta debe tener en cuenta los compromisos concretos de la vida de las parejas en cuestión y sus posibilidades reales de poder disponer de este tiempo de retiro antes de la celebración de la boda, para no hacer inviable la propuesta.

71. En el período previo a la boda - en el contexto del mencionado retiro espiritual o "vigilia de oración" o incluso en otro contexto - la celebración del sacramento de la reconciliación es de gran importancia.[67] La experiencia demuestra que recibir el perdón de Dios - en su caso, también mediante una confesión más profunda de la vida pasada - dispone a los cónyuges mejor que cualquier otra cosa a aceptar la gracia que Dios les tiene reservada en el sacramento del matrimonio, ya que elimina los profundos sentimientos de culpa que uno "arrastra" del pasado, da paz interior, orienta el espíritu hacia la gracia y la misericordia de Dios y hacia todo lo que realmente importa, y aleja la atención de los aspectos puramente materiales de la boda. Además, la confesión con motivo del matrimonio, a veces después de años de "huir" del sacramento de la reconciliación, es para muchos un momento de retorno a la práctica sacramental. En la medida de lo posible, se podría prever también una celebración comunitaria del sacramento de la reconciliación, con la participación de las familias de origen de los novios, de los testigos y de otras personas que deseen participar, para que el don de la misericordia divina se derrame también sobre las familias de origen de los novios, siempre necesitadas de reconciliación en su interior y de ser edificadas en la comunión. De este modo, se ayudará a todos los que participen en la boda a vivir este momento con la disposición adecuada.

72. Hacer participar a los padres, a los testigos y a los familiares más cercanos en un momento de oración antes de la boda, incluso fuera de la celebración de la confesión, puede resultar una oportunidad muy

hermosa para todos, para reunirse en torno a la nueva pareja, para que los novios reciban la bendición de los padres, como es tradición en la Biblia (cf. *Tb* 10,11-13; 11,17), para que los parientes y amigos comprendan que representan y hacen visible a la comunidad eclesial, que acoge a la nueva familia dentro de la gran familia de la Iglesia y que siente la responsabilidad de apoyar a los recién casados.

73. En resumen, los objetivos de la preparación próxima son: a) recordar los aspectos doctrinales, morales y espirituales del matrimonio (explicitando también los contenidos de las charlas canónicas prescritas); b) vivir experiencias espirituales de encuentro con el Señor; c) prepararse para una participación consciente y fructífera en la liturgia nupcial.[68]

Tercera etapa: acompañar los primeros años de vida matrimonial

74. El itinerario catecumenal no termina con la celebración del matrimonio. De hecho, más que como un acto aislado, debe considerarse como la entrada en un "estado permanente", que requiere por tanto una "formación permanente" específica, hecha de reflexión, diálogo y ayuda de la Iglesia.[69] Para ello, es necesario "acompañar" al menos los primeros años de vida matrimonial[70] y no dejar a los recién casados en la soledad.[71]

75. Los recién casados deben ser conscientes de que la celebración del matrimonio es el inicio de un camino, y que la pareja es todavía un "proyecto abierto", no

una “obra terminada”.[72] Es bueno, por lo tanto, que los recién casados sean asistidos en esta primera fase en la que comienzan a poner en práctica el “proyecto de vida” que se inscribe en el matrimonio, pero que aún no se realiza plenamente. En efecto, la gracia contenida en el sacramento no actúa de forma automática, sino que requiere que los cónyuges cooperen con ella, asumiendo responsablemente las tareas y los retos que la vida conyugal presenta.[73]

76. Para que todo esto se pueda dar, se propondrá a las parejas la continuación del itinerario catecumenal, con encuentros periódicos - posiblemente mensuales o con otra periodicidad, a criterio del equipo de acompañamiento y según las posibilidades de las parejas - y otros momentos, tanto comunitarios como de pareja.[74] Si la pareja al casarse cambia de residencia y de parroquia, será bueno que pueda integrarse en la nueva parroquia y que ésta la invite a los itinerarios de acompañamiento de los matrimonios de la nueva comunidad.

77. Este es un momento oportuno para una verdadera “mistagogía matrimonial”. Por “mistagogía” se entiende una “introducción al misterio”, es decir, un tipo particular de catequesis que los pastores de la Iglesia de los primeros siglos dirigían a los recién bautizados para hacerles comprender lo que había ocurrido en el bautismo recibido durante la solemne Vigilia Pascual.[75] En efecto, la catequesis mistagógica a menudo estaba escalonada de preguntasretóricas como: «¿Saben lo que han recibido?», «¿Saben lo que el Señor ha hecho en

ustedes?». Esta catequesis, por lo tanto, después de la celebración del bautismo, debíaconducir poco a poco a su plena comprensión, en primer lugar, ritual y simbólica – a través de la explicación del contenido espiritual de cada uno de los aspectos del rito – pero también en sus implicaciones morales y existenciales, en el sentido que se iluminaban las implicaciones de vida concretas de lo que se había celebrado.

Este estilo de catequesis mistagógica puede aplicarse al matrimonio. Repasando los distintos momentos del rito nupcial, se podría profundizar en su rico significado simbólico y espiritual y en sus consecuencias concretas en la vida matrimonial: el consentimiento intercambiado (la voluntad de unirse, y no un sentimiento pasajero, en la base del matrimonio, una voluntad que debe fortalecerse siempre),[76] la bendición de los signos que recuerdan el matrimonio, por ejemplo los anillos (la promesa de fidelidad que debe renovarse siempre),[77] la bendición solemne de los cónyuges (la gracia de Dios que desciende sobre la relación humana, la asume y la santifica, a la que hay que estar siempre abiertos),[78] el recuerdo del matrimonio en el seno de la oración eucarística (sumergir siempre el amor conyugal en el misterio pascual de Cristo para revigorizarlo y hacerlo cada vez más profundo).[79] En definitiva, con la catequesis matrimonial mistagógica, al igual que con la catequesis bautismal, la invitación que se hace es: « ¡Conviértanse en lo que son! Ahora son un matrimonio, por lo tanto, ¡vivan cada vez más como un matrimonio! El Señor ha bendecido y "colmado" su unión con la gracia, así que ¡hagan fructificar esa gracia! ». Para ello, es importante hacer que los cónyuges perciban la presencia de Cristo, no sólo en los otros sacramentos, sino en el propio sacramento del matrimonio. Cristo está presente entre ellos como matrimonio: Él alimenta su relación diariamente y pueden dirigirse a Él juntos en la oración. La gracia del sacramento actúa entre ellos y se manifiesta en su vida concreta. Por lo tanto, hay que ayudar a los cónyuges a discernir los "signos" de la presencia de Cristo en su unión.[80]

Muchas veces ocurre que la atención de los matrimonios jóvenes se centra en la necesidad de ganar dinero y en los hijos, descuidando el empeño en la calidad de su relación mutua y olvidando la presencia de Dios en su amor. Merece la pena ayudar a los matrimonios jóvenes a saber encontrar tiempo para profundizar en su amistad y acogerla gracia de Dios. Ciertamente, la castidad prematrimonial favorece este camino, porque da a los recién casados tiempo para estar juntos, para conocerse mejor, sin pensar inmediatamente en la procreación y el crecimiento de los hijos.

78. Desde el principio de la vida matrimonial, es importante recibir una ayuda concreta para vivir la relación interpersonal con serenidad. Son muchas las cosas nuevas que hay que aprender: aceptar la diversidad del otro que se manifiesta de inmediato;[81] no tener expectativas irreales de la vida en común y considerarla como un camino de crecimiento;[82] gestionar los conflictos que inevitablemente surgen;[83] conocer las diferentes etapas por las que pasa toda relación de amor;[84] dialogar para buscar un equilibrio entre las

necesidades personales y las de la pareja y la familia;[85] adquirir hábitos cotidianos saludables;[86] establecer una relación adecuada con las familias de origen desde el principio;[87] empezar a cultivar una espiritualidad conyugal compartida;[88] y muchas cosas más. Entre las diversas propuestas posibles, se podría sugerir que los cónyuges lleven un "Diario del matrimonio" para una especie de verificación periódica de la comunión conyugal, en el que anotar alegrías y sufrimientos y todo lo que constituye la experiencia concreta de la vida de la pareja. Una especie de "escritura sagrada", para depositar en la memoria cada momento significativo de la vida tocado por la gracia del Espíritu Santo y que puede convertirse en un medio de transmisión de la fe en la familia: un "memorial" de la gracia del Espíritu Santo que actúa en la familia.

79. Hay muchos aspectos de la vida conyugal y familiar que pueden ser objeto de diálogo y catequesis en estos años. Es fundamental, por ejemplo, ilustrar a las parejas sobre el delicado tema de la sexualidad dentro del matrimonio[89] y las cuestiones relacionadas, es decir, la transmisión de la vida y la regulación de los nacimientos, y sobre otras cuestiones morales y bioéticas.[90] Otro ámbito que no debe olvidarse es el de la educación humana y cristiana de los hijos, que constituye una grave responsabilidad para los padres, y respecto a la cual los matrimonios deben ser sensibilizados y convenientemente formados, dada la tendencia cada vez más extendida a dividirse en este tema, o a no ocuparse de la educación de sus hijos, delegándola a otros.[91] En referencia a estas cuestiones, la enseñanza

de la Iglesia pone a disposición de los cónyuges un tesoro de sabiduría que, cuando es bien presentado, es muy apreciado y acogido por ellos.

80. Se trata, por lo tanto, de una fase de "aprendizaje" en la que la cercanía y las sugerencias concretas de los matrimonios ya maduros, que comparten con los más jóvenes lo que han aprendido "por el camino", serán de gran ayuda.[92]

La disponibilidad de los abuelos para cuidar de sus nietos es un gran recurso. Permite a los recién casados tomarse tiempo para estar juntos. Sin embargo, a veces esto no es posible, lo que obliga a los recién casados a buscar soluciones alternativas. Estos ejemplos de generosidad y ayuda a los jóvenes matrimonios son maravillosos signos de caridad.

81. La pastoral matrimonial será ante todo una pastoral del vínculo:[93] ayudará a las parejas, cada vez que se enfrenten a nuevas dificultades, a tener en el corazón, por encima de todo, la defensa y la consolidación de la unión matrimonial, por su propio bien y por el de sus hijos. Es necesario, en los encuentros que se les proponen, insistir en la sacralidad del vínculo conyugal y, como demuestra la experiencia, en el hecho de que los bienes - espirituales, psicológicos y materiales - que se derivan de la conservación de la unión, son siempre muy superiores a los que se espera obtener de una eventual separación. Esto enseñará la paciencia, la fortaleza y la prudencia que hay que tener en los momentos de dificultad, aprendiendo a no ver en la disolución

del vínculo conyugal una solución precipitada de los problemas, como desgraciadamente se aconseja a menudo a las parejas.

Aprendiendo a superar los momentos difíciles, se madura en el amor y la unión se fortalece: cada crisis es un momento de crecimiento y una oportunidad para dar un "salto cualitativo" en la relación, que está llamada a una nueva profundidad y autenticidad.[94] Al igual que en la vida cristiana se "entrena" en el «combate de la fe» (*1Tm* 6,12), en la vida conyugal los cónyuges deben entrenarse para "defender" su matrimonio de todas las amenazas internas y externas, humanas y espirituales, sociales y culturales, que pueden minar su solidez y su propia existencia. Es importante reiterar que la ayuda que se ofrezca debe incluir acompañamiento espiritual, caminos prácticos, estrategias derivadas de la experiencia y orientación psicológica. También será útil indicar a las parejas los lugares y las personas, los centros de asesoramiento o las familias disponibles, a los que pueden acudir en busca de ayuda si surgen dificultades.

82. Es esencial centrar el camino de la pareja en el encuentro con Cristo: la pareja necesita encontrarse continuamente con Cristo y alimentarse de su presencia. Los recién casados deben percibir, en particular, la extraordinaria oportunidad que se les ofrece en el sacramento de la eucaristía y en el sacramento de la reconciliación de tener un contacto vivo con Jesús para conformarse a Él.[95] De la eucaristía, en efecto, los esposos reciben la gracia de superar sus propias cerrazones y egoísmos.[96] En el sacramento de la reconciliación,

experimentan la infinita riqueza de la misericordia de Dios, que en su Hijo nos perdona siempre; así aprenden a usar la paciencia y la misericordia entre ellos, porque el perdón recibido se convierte en perdón dado, según la enseñanza de Jesús: «¿No debías también tú tener compasión de tu compañero, como yo me compadecí de ti?» (*Mt* 18,33).[97] En el encuentro con Cristo a través de los sacramentos, la *identidad esponsal* específica de los cónyuges cristianos madura poco a poco.

83. La atención constante y permanente de la Iglesia hacia los matrimonios puede llevarse a cabo a través de diversos medios pastorales:[98] la escucha de la Palabra de Dios, especialmente a través de la *lectio divina*; los encuentros de reflexión sobre temas de actualidad relativos a la vida conyugal y familiar; la participación de los matrimonios en las celebraciones litúrgicas especialmente diseñadas para ellos; los retiros espirituales periódicos para los matrimonios; la adoración eucarística organizada para los cónyuges con meditaciones tomadas, por ejemplo, de las biografías de los santos esposos; la conversación y el acompañamiento espiritual; la participación en grupos familiares para poner en común experiencias con otras familias; la participación en actividades caritativas y misioneras.[99] Los esposos necesitan desarrollar una verdadera "espiritualidad conyugal" que alimente y sostenga el camino específico de santidad que recorren en la vida matrimonial.[100]

Entre los instrumentos pastorales que deben favorecerse está la celebración del aniversario de boda en el contexto de una celebración litúrgica comunitaria con una bendición especial para los cónyuges. En los aniversarios más importantes (por ejemplo, cada cinco años), se podría proponer a los cónyuges que celebren ese año la renovación de sus votos matrimoniales. De esta manera, y de otras, se puede ayudar a la familia a sentirse parte integrante de una comunidad eclesial que celebra, comparte la alegría y el camino de los novios, convirtiéndose en una "familia de familias".[101]

84. A medida que la identidad conyugal se desarrolla, el sentido de la misión, que fluye del sacramento, puede crecer.[102] En este momento, por tanto, al finalizar el itinerario catecumenal para la vida matrimonial, es oportuno invitar a los matrimonios a implicarse en la pastoral familiar ordinaria de sus parroquias o de otras realidades eclesiales con las que hayan establecido algún vínculo. Los recién casados, por ejemplo, podrían participar gradualmente en la preparación catecumenal para el matrimonio de los nuevos grupos de novios y en la vida comunitaria, en la atención pastoral de los niños y jóvenes, asumiendo tareas particulares en la animación de la comunidad. Se podrían formar grupos de espiritualidad conyugal (también con la ayuda de posibles movimientos familiares) y de pastoral matrimonial.

85. En resumen, los objetivos del acompañamiento en los primeros años de vida matrimonial son: a) presentar, en una "catequesis matrimonial mistagógica", las consecuencias espirituales y existenciales del sacramento celebrado en la vida concreta; b) ayudar a

las parejas, desde el principio, a establecer la relación interpersonal de forma correcta para cuando estén casados; c) profundizar en los temas de la sexualidad en la vida matrimonial, la transmisión de la vida y la educación de los hijos d) infundir en los matrimonios la firme voluntad de defender el vínculo matrimonial en cualquier situación de crisis que se presente; e) proponer el encuentro con Cristo como fuente indispensable de renovación de la gracia matrimonial y adquirir una espiritualidad conyugal; f) recordar el sentido de la misión específica de los matrimonios cristianos.

86. Como corolario de esta propuesta, no se puede pasar por alto la urgencia de una formación más adecuada de los sacerdotes, seminaristas y laicos (incluidos los matrimonios) en el ministerio de acompañamiento de los jóvenes al matrimonio. Abordar sistemáticamente la formación y actualización de los sacerdotes/religiosos y agentes de pastoral, con vistas al catecumenado matrimonial, es indispensable para superar los viejos hábitos y capacitarlos en un estilo de acompañamiento, así como en el conocimiento de contenidos (teológicos, morales, bioéticos y espirituales) adecuados a la realidad de las parejas de hoy, que a menudo ya están conviviendo y tienen hijos cuando se acercan a la Iglesia para casarse. En muchos contextos pastorales, en particular, se ha hecho indispensable una formación de los seminaristas y de los sacerdotes más centrada en los nuevos desafíos de la pastoral matrimonial y familiar, incluidas las cuestiones relacionadas con la moral sexual, la moral conyugal y la bioética, que ahora forman parte de la vida cotidiana de las familias

en muchas partes del mundo. Para una efectiva y eficaz participación de los cónyuges como agentes de pastoral, es indispensable comprender el vínculo de complementariedad y corresponsabilidad eclesial que existe entre el *ordo sacerdotalis* y el *ordo coniugatorum,* para abrir la acción de los sacerdotes a una mayor colaboración con los laicos y las familias, reconociendo sus significativas funciones pastorales en las parroquias y a nivel diocesano. A menudo, lo que falta en muchas realidades locales es precisamente la posibilidad de que los cónyuges tengan espacios para actuar en la pastoral, como cónyuges. En efecto, es indudable que para expresar el carácter misionero de la pastoral matrimonial, junto al acompañamiento específico de los pastores, es necesario el testimonio de las familias y de los cónyuges: en este sentido, no es bueno separar *ecclesia docens* y *ecclesia discens,* precisamente por la rica y concreta experiencia de vida nupcial y familiar que poseen los matrimonios.

Acompañar a las parejas "en crisis"

87. En la historia de todo matrimonio puede haber momentos en los que la comunión conyugal disminuye y los cónyuges se encuentran con periodos, a veces largos, de sufrimiento, fatiga e incomprensión, pasando por verdaderas "crisis" conyugales. Forman parte de la historia de las familias: son fases que, si se superan, pueden ayudar a la pareja a ser feliz «de una manera nueva, a partir de las posibilidades que abre una nueva etapa», haciendo que madure aún más «el vino de la unión».[103]

Sin embargo, para evitar que la situación de crisis se agrave hasta convertirse en irremediable, es aconsejable que la parroquia o la comunidad disponga de un servicio pastoral de acompañamiento de las parejas en crisis, al que puedan acudir quienes perciban que se encuentran en esta situación particular: «un ministerio dedicado a aquellos cuya relación matrimonial se ha roto parece particularmente urgente».[104] Prevenir las rupturas, en efecto, es un factor decisivo hoy en día para evitar las separaciones, que pueden deteriorar y dañar irremediablemente el vínculo.

88. Dado que la experiencia demuestra que «en situaciones difíciles o críticas la mayoría [de las personas] no acude al acompañamiento pastoral, ya que no lo siente comprensivo, cercano, realista, encarnado»,[105] conviene que - además del pastor - sean los cónyuges, especialmente los que han vivido una crisis después de haberla superado, los que se conviertan en "acompañantes" de las parejas en dificultad o ya divididas. Son ellos los que serán la "comunidad de acompañamiento", los que podrán dar testimonio y manifestar que el buen samaritano es Cristo resucitado, que conserva las heridas en su cuerpo glorioso y que, por eso mismo, siente compasión por el hombre herido, abandonado en el camino:[106] las parejas en dificultad.

89. Para ello, también es urgente poner en marcha proyectos de formación destinados a las parejas que acompañan tanto a los que están en crisis como a los separados, con el fin de crear las condiciones para un servicio pastoral que responda a las necesidades de

las familias. La atención debe ser doble: a los cónyuges en dificultad, pero también a los hijos, cuando los haya. Estos han de ser acompañados con un diálogo psicológico y espiritual capaz de captar su malestar personal y familiar y apoyarlos.

En este contexto, vuelve a cobrar importancia la pastoral del vínculo, que, desde los primeros años de vida matrimonial, debe acompañar a los jóvenes cónyuges en las distintas etapas de su vida en común. En efecto, las crisis, que forman parte del camino, deben transformarse en oportunidades, a veces dolorosas, que, si bien producen heridas y llagas en el corazón y en la carne, dejan espacio para la reconciliación, el perdón y la acción de la gracia, que sigue operando en el vínculo sacramental.

90. Hay crisis comunes, que se dan en todos los matrimonios, que marcan determinadas etapas de la vida familiar (la llegada del primer hijo, la educación de los hijos, el "nido vacío", la vejez de los padres); pero también hay crisis personales, vinculadas a dificultades económicas, laborales, afectivas, sociales, espirituales, o a circunstancias y acontecimientos traumáticos e inesperados.[107] En todos estos casos, «el difícil arte de la reconciliación, que requiere del sostén de la gracia, necesita la generosa colaboración de familiares y amigos, y a veces incluso de ayuda externa y profesional».[108] Se trata de garantizar un acompañamiento no sólo psicológico, sino también espiritual, para recuperar, con un camino mistagógico gradual y personalizado y con los sacramentos, el significado profundo del vínculo y la

conciencia de la presencia de Cristo entre los cónyuges. El silencio en el corazón, invocando el nombre de Jesucristo y escuchando su voz, puede ayudarles a crear las condiciones para que Él alimente su relación, les ayude en sus dificultades, se detenga y beba con ellos el cáliz del sufrimiento, estando a su lado como el peregrino con los discípulos de Emaús (cf. *Lc* 24,13).

En la práctica, se trata de crear espacios y caminos capaces de introducir a las personas en el arte del discernimiento en la vida cotidiana para poder reconocer a tiempo situaciones de sufrimiento, ocasiones de peligro que hay que evitar, inmadurez y heridas que hay que superar. La exhortación que puede resonar en los corazones cansados es « permanezcan en mi amor » (*Jn* 15,9).

91. Sugerimos, a modo de ejemplo, una posible aplicación práctica de los principios expuestos, proponiendo un itinerario para parejas en crisis, inspirado en el pasaje de Jesús con los discípulos de Emaús (cf. *Lc* 24,13 y 35). Después de haber dado convenientemente a conocer el servicio a la comunidad parroquial, si una pareja lo solicita y acepta la propuesta de un camino común de acompañamiento, se puede intentar alternar encuentros "individuales" (con la pareja solamente) y encuentros "de grupo" (con varias parejas). En resumen, el camino podría seguir el siguiente curso:

- «El mismo Jesús se acercó y siguió caminando con ellos» (*Lc* 24,15) – Primer encuentro ("individual") de acogida y conocimiento.

Es aconsejable que el primer encuentro tenga lugar en un contexto de confidencialidad y cercanía personal, limitándolo a una sola pareja, que es acogida y escuchada por una pareja de acompañantes y el sacerdote, capaz de mostrar empatía, afecto y plena disposición de apoyo. A esta primera reunión de "escucha" le seguirán otras que iniciarán el proceso de acompañamiento propiamente dicho.

- «¿Qué comentaban por el camino?» (*Lc* 24,17) – Algunas reuniones ("individuales") para que los cónyuges le digan a Dios y a su pareja por qué tienen "semblante triste" (*Lc* 24,17).

Todos los encuentros se desarrollan siempre en un ambiente de oración, ya que se trata de un camino espiritual y no de sesiones de "terapia de pareja" puramente psicológicas. Así, la pareja, poniéndose en presencia de Dios, será guiada a "abrir su corazón" para que cada cónyuge sepa "lo que hace sufrir al otro". Los acompañantes dirigirán esta "apertura del corazón" para que no sea un simple intercambio de acusaciones. Por tanto, las preguntas a responder no serán «¿cuáles son tus errores?", «¿qué deberías cambiar?», etc., sino: «¿cuál es el sufrimiento que llevo dentro?»; «¿qué malestar siento?», «¿qué me duele en la forma en que estamos viviendo nuestra relación?». De hecho, no es infrecuente que las parejas carezcan de esa comunicación y diálogo para dar a conocer el estado de ánimo y el punto de vista del otro.

- «¡Hombres duros de entendimiento, cómo les

> cuesta creer todo lo que anunciaron los profetas! ¿No será necesario que el Mesías soportara esos sufrimientos para entrar en su gloria?» (*Lc* 24,25-26) – Encuentros ("ampliados") con varias parejas para "iluminar" las crisis.

Los encuentros individuales, con cada pareja, pueden ir seguidos de encuentros de grupo, durante los cuales una de las parejas acompañantes podrá contar su propia experiencia y las crisis por las que ha pasado, destacando las "cosas nuevas" que ha aprendido en los momentos difíciles y las pruebas del matrimonio. También puede haber una breve enseñanza con la lectura y el comentario de partes convenientemente elegidas de *Amoris laetitia*, o extractos de los escritos de santos cónyuges que han superado momentos difíciles de la prueba matrimonial. El objetivo es destacar que las "crisis", si se aceptan, se comprenden, se viven juntos y se afrontan con la ayuda del Señor, pueden convertirse en momentos de gracia y crecimiento para la pareja. En definitiva, las crisis no son "anomalías", sino acontecimientos "normales" en la vida conyugal, incluyo aquellas causadas por debilidades y pecados personales. También éstas pueden convertirse en esos "sufrimientos de Cristo", presente entre los esposos, que es herido por sus pecados y sufre con ellos, entrando con ellos en la gloria (cf. *Lc* 24,26) de una relación sanada y "redimida". En estos encuentros, como ya se subrayó en el itinerario catecumenal hacia el matrimonio, no puede faltar un anuncio *kerigmático*: ¡el Señor está presente y vivo! Junto a Él, incluso la"muerte" de una crisis puede transformarse en resurrección a una nueva vida.

- «Y comenzando por Moisés y continuando en todas las Escrituras lo que se refería a él» (*Lc* 24,27) – Reuniones ("de grupo") con la Sagrada Escritura en el centro.

A los encuentros previos de "catequesis" pueden seguir otros encuentros de grupo en los que se celebre conjuntamente una Liturgia de la Palabra: se proclama un pasaje bíblico, seguido de un tiempo de meditación y de una puesta en común, guiada por algunas preguntas, que concluye con una reflexión final propuesta por los acompañadores. Se cuidará la elección de textos bíblicos sobre temas como: la cercanía de Dios en las pruebas, el perdón recibido de Dios y otorgado, la gracia que actúa en la debilidad, la comunión de los corazones fruto del Espíritu Santo, la llamada a la santidad, el sacramento del matrimonio, etc.

- «Quédate con nosotros, porque ya es tarde y el día se acaba» (*Lc* 24,29) – Adoración eucarística y sacramento de la reconciliación.

Se puede proponer una "velada eucarística" (o incluso más de una) a las parejas que siguen el camino. Después de los diversos encuentros que han iluminado las distintas crisis que se están experimentando, a menudo se descubre que se es impotente para superarlas. Las dificultades parecen superar las propias fuerzas. Este puede ser el momento de llevar la propia crisis a la presencia del Señor presente en el Santísimo Sacramento, de "presentarla" y "ponerla" a sus pies, para que Él sane las heridas y cure los corazones. Esta presentación de la crisis al Señor puede realizarse a través de un gesto concreto de la pareja ante el Santísimo (colocando un objeto, un símbolo), durante un sencillo momento litúrgico.

Otro modo en que las parejas pueden experimentar que el Señor "se queda con nosotros" es a través de una celebración penitencial. Es de suma importancia, en los momentos de crisis, acercarse al sacramento de la reconciliación. Nada como el perdón recibido del Señor para ayudar a curar las heridas y a perdonar al cónyuge. El sacramento infunde entonces al alma gracias especiales de reconciliación: la reconciliación con Dios, con uno mismo y con su pasado, con el prójimo. Todo esto ayuda a curar las divisiones y el distanciamiento "interno" entre los cónyuges con el bálsamo de la reconciliación y del perdón.

- «Tomó el pan y pronunció la bendición; luego lo partió y se lo dio» (*Lc* 24,30) – Celebración eucarística.

Se puede proponer a las parejas una o varias celebraciones eucarísticas para ayudarles a experimentar que Jesús está vivo y presente incluso en medio de la crisis. Él es quien cada vez se convierte en "pan partido para nosotros", que ha experimentado el sufrimiento del rechazo y la incomprensión, convirtiéndolo en una ocasión de amor y donación para todos. Esta es la gracia que también pueden recibir las parejas: no quedarse encerradas en el propio sufrimiento, sino transformarlo en una ocasión de mayor amor y de renovada donación mutua.

- «Entonces los ojos de los discípulos se abrieron y lo reconocieron. [...] En ese mismo momento, se pusieron en camino y regresaron a Jerusalén» (*Lc* 24,31.33) – La conclusión del proceso.

También se pueden proponer a las parejas momentos de distensión y celebración juntos. Incluso en las crisis, nunca hay que perder la esperanza y no hay que abandonarse a una visión negativa de la vida. Descubrir la presencia de hermanos en la fe que están a nuestro lado y nos apoyan puede reavivar la confianza y la alegría en nuestros corazones.

Los encuentros conclusivos del proceso podrían ayudar a las parejas a "volver a Jerusalén", es decir, a continuar en la vida matrimonial con una nueva sabiduría adquirida a través de la crisis, poniendo en valor lo aprendido y convirtiéndose también en testigos ante otras parejas de lo vivido y de su encuentro con Jesús viviente.

Sin embargo, no se trataría de una despedida definitiva. La vida siempre presenta nuevos retos y las crisis pueden no superarse del todo. Es bueno, por lo tanto, que los acompañantes digan a las parejas que siguen dispuestos a acogerlas, escucharlas y apoyarlas en el futuro. Cuando se ha creado un clima de confianza, las parejas pueden seguir teniendo a alguien a quien recurrir en caso de necesidad. Los acompañantes deben hacer sentir a las parejas que la Iglesia está siempre a su lado, como una madre siempre dispuesta a acoger a sus hijos.

Conviene repetir que, a lo largo del proceso, además de las reuniones de grupo, puede ser necesario seguir manteniendo reuniones individuales con cada pareja. Si, de hecho, es de gran ayuda y estímulo escuchar la experiencia de otros - como puede ser el caso en los momentos de puesta en común -, en otras ocasiones, las parejas pueden sentir la necesidad de una confrontación más personal y una mayor confidencialidad para sentirse libres de hablar de sus dificultades.

92. El modelo propuesto hasta ahora es sólo un ejemplo para mostrar cómo este camino de acompañamiento de las parejas en crisis puede seguir también el estilo del itinerario catecumenal de preparación al matrimonio descrito anteriormente. También en este caso, la metodología no debe limitarse a proponer "conferencias" y transmitir nociones, sino que debe facilitar una experiencia de cercanía humana y espiritual, con la implicación de la comunidad cristiana, alternando momentos de profundización en la fe y momentos de encuentro, de oración, de escucha, de compartir, con gestos rituales, celebración de los sacramentos, marcados por etapas progresivas de crecimiento, invitando al discernimiento, haciendo un anuncio *kerigmático*, etc. Cada Iglesia local, por lo tanto, podrá desarrollar su propio itinerario, con su propia forma de proceder o inspirándose en otros "modelos bíblicos" distintos al aquí propuesto: por ejemplo, el encuentro del samaritano con el hombre malherido (*Lc* 10,25-37), el hijo perdido que vuelve con su padre (*Lc* 15,11-32), el vino agotado y de nuevo abundante en las bodas de Caná (*Jn* 2,1-12), el encuentro de la samaritana con Jesús y el descubrimiento

del agua viva que sacia toda sed (*Jn* 4,1-43), etc.

93. A pesar de todo el apoyo que la Iglesia puede ofrecer a las parejas cristianas, hay, sin embargo, situaciones en las que la separación es inevitable. «A veces puede llegar a ser incluso moralmente necesaria, cuando precisamente se trata de sustraer al cónyuge más débil, o a los hijos pequeños, de las heridas más graves causadas por la prepotencia y la violencia, el desaliento y la explotación, la ajenidad y la indiferencia». Sin embargo, «debe considerarse como un remedio extremo, después de que cualquier intento razonable haya sido inútil»[109].

En estos casos, «un discernimiento particular es indispensable para acompañar [también] pastoralmente a los separados, los divorciados, los abandonados. Hay que acoger y valorar especialmente el dolor de quienes han sufrido injustamente la separación, el divorcio o el abandono, o bien, se han visto obligados a romper la convivencia por los maltratos del cónyuge. El perdón por la injusticia sufrida no es fácil, pero es un camino que la gracia hace posible. De aquí la necesidad de una pastoral de la reconciliación y de la mediación, a través de centros de escucha especializados que habría que establecer en las diócesis»[110].

94. Al mismo tiempo, «hay que alentar a las personas divorciadas que no se han vuelto a casar - que a menudo son testigos de la fidelidad matrimonial - a encontrar en la eucaristía el alimento que las sostenga en su estado. La comunidad local y los pastores deben acompañar a estas personas con solicitud, sobre

todo cuando hay hijos o su situación de pobreza es grave».[111] Pocos lugares les prestan atención pastoral. Su situación particular, alimentada por el don de la fidelidad al sacramento del matrimonio, por otra parte, puede ser un testimonio y un ejemplo para las parejas jóvenes, pero también para los sacerdotes, que pueden descubrir y "ver" en la vida de estas personas la presencia constante de Cristo esposo, fiel incluso en la soledad y el abandono: una soledad "habitada", marcada por la intimidad con el Señor y el vínculo con la Iglesia y la comunidad, que se hace presente y compañera de camino. La dimensión nupcial de las dos vocaciones - orden y matrimonio - se manifiesta en estos casos, una vez más, en toda su belleza y complementariedad. En este sentido, también es necesario descubrir dentro de la Iglesia el protagonismo pastoral de los fieles separados, que pueden desempeñar papeles significativos en la comunidad y a su vez ser de ayuda a los demás.

Conclusión

Las “orientaciones pastorales” que aquí se proponen, aun siendo conscientes de que no son exhaustivas, pretenden ser una ayuda y un estímulo para que las diócesis/eparquías y las parroquias elaboren sus propios “itinerarios catecumenales de vida matrimonial”, según ha indicado el Santo Padre Francisco. Por lo tanto, es útil, para concluir, recordar algunas orientaciones pastorales que han inspirado la redacción de este documento y que deberían ser también la base de los documentos de aplicación similares que se elaboren en las Iglesias particulares.

En el origen de este documento está, en primer lugar, el deseo de ofrecer a las parejas una mejor y más profunda preparación al matrimonio, mediante un itinerario suficientemente amplio, inspirado en el catecumenado bautismal, que les permita recibir una adecuada formación para la vida conyugal cristiana, a partir de una experiencia de fe y de un encuentro con Jesús; que no se limite, por tanto, a unos pocos encuentros próximos a la celebración, sino que les permita percibir el carácter casi “permanente” de la pastoral de la vida conyugal que la Iglesia pretende llevar a cabo.

Toda la comunidad eclesial ha de implicarse en la tarea de acompañar a las parejas, en un camino compartido entre sacerdotes, cónyuges cristianos y agentes de pastoral, en el que los protagonistas son sobre todo los matrimonios - diferentes en edad y años de vida conyugal - que ponen su experiencia al servicio de quienes participan en el itinerario catecumenal. Para ello, es necesario un trabajo de formación y actualización, dirigido a todos, pero especialmente a los sacerdotes, para que se perciba la indispensable complementariedad y corresponsabilidad de laicos y sacerdotes/religiosos en el servicio de la pastoral familiar.

Un itinerario matrimonial de tipo catecumenal ha de ser considerado como una "herramienta pastoral" que ha de ser utilizada con discernimiento, sabiduría y el necesario sentido común, de modo que pueda ser adaptado con flexibilidad - en cuanto a los modos y tiempos de realización - a las situaciones concretas de las parejas que tenemos delante, y según las posibilidades concretas de los agentes de pastoral de la Iglesia local.

El itinerario no se limita a la comunicación de contenidos doctrinales y pretende ir más allá de la tipología clásica de los "cursos matrimoniales", para lo cual utiliza no sóloel método de la catequesis, sino también el diálogo con las parejas, los encuentros individuales, los momentos litúrgicos de oración y celebración de los sacramentos, los ritos, el dialogo entre las mismas parejas que participan en el itinerario, la intervención de expertos externos, los retiros y la interacción con toda la comunidad eclesial, que apoya y participa en el largo proceso de preparación de las parejas.

El itinerario conserva siempre, a lo largo de su

duración, un carácter *kerigmático*; casi en cada nueva fase se vuelve, como "en oleadas sucesivas", al primer anuncio de la fe, y el propio sacramento del matrimonio se presenta como una "buena noticia", es decir, como un don de Dios a las parejas que desean vivir plenamente su amor.

En cada fase del itinerario se mantienen siempre unidos el camino del crecimiento humano (formación de una armónica y sólida personalidad, superación de la inmadurez, de las cerrazones y de los miedos, dinámicas relacionales generales y de pareja, habilidades de comunicación y diálogo, etc.) y el proceso del crecimiento espiritual (aceptación del amor de Dios, conversión personal y superación de los límites morales, vida de oración, comprensión de la dimensión comunitaria y eclesial constitutiva de la fe, asistencia a los sacramentos, etc.).

El itinerario catecumenal para jóvenes y parejas quiere inscribirse en la realidad concreta de hoy en día y no teme abordar temas y cuestiones que representan desafíos sociales y culturales: la educación en el amor auténtico que no se limita a frágiles experiencias afectivas, el reconocimiento de la riqueza y de la complementariedad de lo masculino y lo femenino, la educación en la afectividad y la sexualidad, el valor de las elecciones definitivas, el valor humano, espiritual y social de la familia, las cuestiones bioéticas, etc. De este modo, contribuye a la formación de la conciencia moral personal y a la formulación de un proyecto de vida familiar.

Las etapas de crecimiento que el itinerario propone están marcadas por rituales - en los lugares que por razones culturales no es inadecuado ni problemático proponerlos debido a la interpretación equívoca que podría darse a estos rituales - que marcan el camino que se recorre, y que dan la conciencia psicológica de estar en un punto de inflexión cada vez que llama a dar un nuevo paso adelante, a nivel de madurez humana y espiritual y a nivel de toma de decisiones, con vistas a la meta de la vida matrimonial cristiana.

El itinerario se divide en tres grandes fases: la etapa de preparación remota, que abarca la pastoral infantil y juvenil, una fase intermedia de acogida y la fase catecumenal propiamente dicha, que a su vez comprende tres etapas distintas. Una primera etapa de preparación próxima, más larga y de duración variable; una segunda etapa de preparación inmediata, más corta, y una tercera etapa de acompañamiento de las parejas en los primeros años de vida matrimonial, que termina con la inclusión de la pareja en la pastoral familiar ordinaria de la parroquia y la diócesis/eparquía.

El itinerario pretende unir, desde la infancia, el descubrimiento de la fe cristiana y la iniciación a los sacramentos con el descubrimiento de una vocación matrimonial o sacerdotal/religiosa.

Sin embargo, la presencia, ya muy extendida, de parejas de hecho con hijos que piden matrimonio en la Iglesia requiere, paralelamente a la pastoral vocacional evolutiva que aquí se propone, el desarrollo de itinerarios locales centrados en la realidad concreta de estas parejas, que sin duda necesitan un cuidado y una atención especiales respecto a las parejas de novios que de alguna manera ya tienen una experiencia de vida cristiana.

Partiendo de la experiencia de un acompañamiento pastoral personalizado, basado sobre todo en el testimonio de los acompañantes y de otros matrimonios implicados en el camino, se trata de conducir en cada caso a un serio discernimiento personal y de pareja, para que la celebración del matrimonio y la vida conyugal sean el fruto de una decisión consciente, libre y alegremente asumida, y no la simple conformidad pasiva con una tradición cultural o una formalidad social.

El itinerario, a la vez que prepara a las parejas para el sacramento del matrimonio, las inicia en la vida eclesial y las ayuda a encontrar en la Iglesia el lugar donde alimentar, especialmente a través de los sacramentos, el vínculo matrimonial y donde seguir creciendo a lo largo de la vida en su vocación y servicio a los demás, desarrollando así plenamente su identidad esponsal y su misión eclesial.

Asimismo, hay que prestar especial atención al acompañamiento de las parejas casadas en crisis. En efecto, es urgente establecer en cada realidad local un servicio pastoral dedicado a las personas cuya relación conyugal se ha roto o está en gran dificultad, también con el apoyo de una pastoral de la reconciliación y de la mediación para salvaguardar el vínculo y prevenir, en lo posible, las separaciones.

Aunque la hazaña de poner en marcha un camino de formación tan duradero pueda parecer inviable, exhortamos a las Iglesias particulares a tener valor y a entrar en una correcta actitud de fe, sabiendo que, como nos enseñó Jesús, las obras del Reino siempre empiezan como un pequeño grano de mostaza, pero con el tiempo pueden convertirse en un gran árbol que ofrece cobijo y protección a quienes lo buscan y necesitan. Al ofrecer a las nuevas generaciones itinerarios de crecimiento catecumenal con vistas al matrimonio, se responde a una de las necesidades más urgentes de la Iglesia de hoy, es decir, a la necesidad de acompañar a los jóvenes hacia la plena realización d3 lo que sigue siendo uno de sus mayores "sueños" y un de las principales metas que se proponen alcanzar en la vida: establecer una relación sólida con la persona amada y construir sobre ella una familia.

Confiemos este trabajo a la intercesión de san José, esposo de la Virgen y custodio del Redentor, y a María Santísima, madre de Jesús y madre de la Iglesia, para que nos infundan amor por todas las familias del mundo y un celo inagotable para trabajar en su servicio.

Notas

PREÁMBULO

1. «Quisiera reiterar la necesidad de un "nuevo catecumenado", en preparación al matrimonio. Acogiendo los deseos de los Padres del último Sínodo Ordinario, es urgente aplicar concretamente todo lo ya propuesto en la Familiaris consortio (n. 66), es decir, que, así como para el bautismo de los adultos el catecumenado es parte del proceso sacramental, también la preparación para el matrimonio debe convertirse en una parte integral de todo el procedimiento de matrimonio sacramental, como un antídoto para evitar la proliferación de celebraciones matrimoniales nulas o inconsistentes» (Francisco, Discurso con ocasión de la inauguración del Año judicial del Tribunal de la Rota Romana, 21 de enero de 2017; cf. Discurso con ocasión de la inauguración del Año judicial del Tribunal de la Rota Romana, 29 de enero de 2018; Francisco, Exhortación apostólica Amoris laetitia, 205-211).

2. Pontificio Consejo para la Familia, *Preparación al sacramento del matrimonio*, 13 de mayo de 1996.

3. «Serán las distintas comunidades quienes deberán elaborar propuestas más prácticas y eficaces, que tengan en cuenta tanto las enseñanzas dela Iglesia como las necesidades y los desafíos locales. Sin pretender presentar aquí una pastoral de la familia, quiero detenerme sólo a recoger algunos de los grandes desafíos pastorales» (*Amoris laetitia*, 199).

4. Francisco, *Discurso con ocasión de la inauguración del Año judicial delTribunal de la Rota Romana*, 21 de enero de 2017.

I. INDICACIONES GENERALES

1. La expresión aparece en varios estudios sobre el tema, como el de F. Coudreau, en *Verkündigung und Glaube. Festgabe für F.X. Arnold*, Friburgo 1958 y B. Häring, *Sociología de la familia*, Roma 1962.

Desde los años 60, algunas conferencias episcopales también lo han propuesto en algunos documentos nacionales y regionales. Además, la Exhortación apostólica *Familiaris Consortio*, partiendo de la analogía con el catecumenado bautismal, marca ya las etapas del itinerario para la preparación al matrimonio: remota, próxima, inmediata, y el posterior acompañamiento de los esposos (cf. n. 66).

2. «Recogiendo los deseos de los padres sinodales, ya he tenido ocasión de recomendar el esfuerzo de un catecumenado matrimonial, entendido como itinerario indispensable de los jóvenes y de las parejas destinado a hacer revivir su conciencia cristiana, sostenida por la gracia de los dos sacramentos, el bautismo y el matrimonio» (Francisco, *Discurso con ocasión de la inauguración del Año judicial del Tribunal de la Rota Romana*, 29 de enero de 2018).

3. Basilio de Cesarea, *De baptismo* I, 1.

4. «Es necesario [...] hacer cada vez más eficaces los itinerarios de preparación para el sacramento del matrimonio, para el crecimiento no solamente humano, sino sobre todo de la fe de los novios. El propósito fundamental de los encuentros es ayudar a los novios a realizar una inserción progresiva en el misterio de Cristo, en la Iglesia y con la Iglesia. Esto lleva aparejada una maduración progresiva en la fe, a través de la proclamación de la Palabra de Dios, de la adhesión y el generoso seguimiento de Cristo» (Francisco, *Discurso con ocasión de la inauguración del Año judicial del Tribunal de la Rota Romana*, 21 de enero de 2017).

5. «Dios que ha llamado a los esposos "al" matrimonio, continúa a llamarlos "en el" matrimonio» (*Familiaris consortio*, 51).

6. «No se trata de darles todo el Catecismo ni de saturarlos con demasiados temas. Porque aquí también vale que no el mucho saber harta y satisface al alma, sino el sentir y gustar de las cosas interiormente. Interesa más la calidad que la cantidad, y hay que dar prioridad - junto con un renovado anuncio del *kerygma* - a aquellos contenidos que, comunicados de manera atractiva y cordial, les ayuden

a comprometerse en un camino de toda la vida « con gran ánimo y liberalidad» (*Amoris laetitia*, 207).

7. «La propia comunidad cristiana está llamada a implicarse en la preparación de los esposos para el matrimonio, que es una misión eclesial. Los cónyuges, en efecto, pueden contribuir a renovar el tejido mismo de todo el cuerpo eclesial» (*Amoris laetitia*, 207).

8. «[...] que los novios no vean el casamiento como el final del camino, sino que asuman el matrimonio como una vocación que los lanza hacia adelante, con la firme y realista decisión de atravesar juntos todas las pruebas y momentos difíciles» (*Amoris laetitia*, 211).

9. «En virtud del sacramento [los cónyuges], son investidos de una auténtica misión, para que puedan hacer visible, a partir de las cosas sencillas, ordinarias, el amor con el que Cristo ama a su Iglesia, que sigue entregando la vida por ella» (*Amoris laetitia*, 121).

10. «Tres o cuatro conferencias en la parroquia; no, esta no es "la preparación": esta es una falsa preparación [...]. La preparación debe ser madura y requiere tiempo. No es un acto formal: es un Sacramento. Pero se debe preparar con un verdadero catecumenado» (Francisco, *Catequesis sobre los mandamientos, 11/A: No cometerás adulterio*, 24 de octubre de 2018).

11. Cf. *Amoris laetitia*, 203; Catecismo de la Iglesia Católica, 1632.

12. Cf. *Hch* 18,1-3; 18,18-19; 18,26; *Rom* 16,3-5; *1Cor* 16,19.

13. «A vosotros, párrocos, colaboradores indispensables de los Obispos, se os confía principalmente este catecumenado. Os animo a ponerlo en práctica a pesar de las dificultades que podáis encontrar» (Francisco, *Discurso a los participantes en un curso sobre el proceso matrimonial*, 25 de febrero de 2017).

14. «Los sacerdotes, especialmente los párrocos, son los primeros interlocutores de los jóvenes que desean formar una nueva familia y casarse con el sacramento del matrimonio. El acompañamiento del ministro ordenado ayudará a los futuros esposos a comprender que el matrimonio entre un hombre y una mujer es un signo de los

esponsales entre Cristo y la Iglesia, haciéndolos conscientes del profundo significado del paso que están a punto de dar» (Francisco, *Discurso a los participantes en el curso diocesano de formación sobre el matrimonio y la familia promovido por el Tribunal de la Rota Romana*, 27 de septiembre de 2018).

15. «Hoy más que nunca esta preparación se presenta como una ocasión verdadera y propia de evangelización para los adultos y, a menudo, de los llamados lejanos. De hecho, son muchos los jóvenes para los que el acercarse de la boda representa una ocasión para encontrar de nuevo la fe, relegada durante mucho tiempo al margen de sus vidas; por otra parte, se encuentran en un momento particular, a menudo caracterizado por una disposición a analizar y cambiar su orientación existencial. Puede ser así un momento favorable para renovar su encuentro con la persona de Jesucristo, con el mensaje del Evangelio y la doctrina de la Iglesia» (Francisco, *Discurso con ocasión de la inauguración del Año judicial del Tribunal de la Rota Romana*, 21 de enero de 2017).

16. «Las santas parejas cristianas; esas son obra del Espíritu Santo, que es el protagonista de la misión, siempre, y ya están presentes en nuestras comunidades territoriales. [...] Pensemos en el trabajo pastoral del catecumenado pre y post matrimonial: son estos matrimonios los que deben hacerlo y sacarlo adelante» (Francisco, *Discurso con ocasión de la inauguración del Año judicial del Tribunal de la Rota Romana*, 25 de enero de 2020).

17. «La pastoral en clave de misión pretende abandonar el cómodo criterio pastoral del "siempre se ha hecho así". Invito a todos a ser audaces y creativos en esta tarea de repensar los objetivos, las estructuras, el estilo y los métodos evangelizadores de las propias comunidades. Una postulación de los fines sin una adecuada búsqueda comunitaria de los medios para alcanzarlos está condenada a convertirse en mera fantasía» (*Evangelii gaudium*, 33).

18. Comisión Teológica Internacional, *La sinodalidad en la*

vida y la misión de la Iglesia, 2 de marzo de 2018, 6.

19. *Amoris laetitia,* 206.

20. «La familia y los jóvenes no pueden ser dos sectores paralelos de la pastoral de nuestras comunidades, sino que deben caminar juntos, porquemuy a menudo los jóvenes son lo que una familia les ha dado durante su crecimiento. Esta perspectiva recompone el carácter unitario de una pastoral vocacional atenta a expresar el rostro de Jesús en sus muchos aspectos» (Francisco, *Discurso en el encuentro con los fieles durante la visita a Loreto,* 25 de marzo de 2019).

II. UNA PROPUESTA CONCRETA

1. Francisco, *Discurso a los participantes en un curso sobre el proceso matrimonial,* 25 de febrero de 2017.

2. Cf. *Amoris laetitia,* 204.

3. «La preparación remota comienza desde la infancia, en la juiciosa pedagogía familiar, orientada a conducir a los niños a descubrirse a sí mismos como seres dotados de una rica y compleja psicología y de una personalidad particular con sus fuerzas y debilidades. Es el período en que se imbuye la estima por todo auténtico valor humano, tanto en las relaciones interpersonales como en las sociales, con todo lo que significa para la formación del carácter, para el dominio y recto uso de las propias inclinaciones, para el modo de considerar y encontrar a las personas del otro sexo[...]. Se exige, además, especialmente para los cristianos, una sólida formación espiritual y catequística, que sepa mostrar en el matrimonio una verdadera vocación y misión [...]. Sobre esta base se programará después, en plan amplio, la preparación próxima» (*Familiaris consortio,* 66); cf. Consejo Pontificio para la Familia, *Preparación al sacramento del matrimonio,* n. 22.

4. De gran ayuda en esta tarea es la ayuda pastoral elaborada por el Pontificio Consejo para la Familia, *Sexualidad humana: verdad y significado. Orientaciones educativas en familia,* 8 de diciembre de 1995.

5. «La elección del matrimonio civil o, en otros casos, de la simple convivencia, frecuentemente no está motivada por prejuicios o resistencias a la unión sacramental, sino por situaciones culturales o contingentes. [...] La simple convivencia a menudo se elige a causa de la mentalidad general contraria a las instituciones y a los compromisos definitivos, pero también porque se espera adquirir una mayor seguridad existencial (trabajo y salario fijo). En otros países, por último, las uniones de hecho son muy numerosas, no sólo por el rechazo de los valores de la familia y del matrimonio, sino sobre todo por el hecho de que casarse se considera un lujo, por las condiciones sociales, de modo que la miseria material impulsa a vivir uniones de hecho» (*Amoris laetitia*, 294).

6. Francisco, *Amoris laetitia*, 280, cit. *Gravissimum educationis*, 1.

7. «Es necesario prepararse para el matrimonio, y esto requiere educarse a sí mismo, desarrollar las mejores virtudes, sobre todo el amor, la paciencia, la capacidad de diálogo y de servicio. También implica educar la propia sexualidad, para que sea cada vez menos un instrumento para usar a los demás y cada vez más una capacidad de entregarse plenamente a una persona, de manera exclusiva y generosa» (Francisco, *Christus vivit*, 265).

8. Juan Pablo II, *Carta a las familias. Gratissimam sane*, 16.

9. «Sólo en cuanto está fundado en la verdad, el amor puede perdurar en el tiempo, superar la fugacidad del instante y permanecer firme para dar consistencia a un camino en común. Si el amor no tiene que ver con la verdad, está sujeto al vaivén de los sentimientos y no supera la prueba del tiempo. El amor verdadero, en cambio, unifica todos los elementos de la persona y se convierte en una luz nueva hacia una vida grande y plena. Sin verdad, el amor no puede ofrecer un vínculo sólido, no consigue llevar al "yo" más allá de su aislamiento, ni librarlo de la fugacidad del instante para edificar la vida y dar fruto» (Francisco, *Lumen fidei*, 27).

10. Cf. Francisco, *Christus vivit*, 242.

11. Cf. Francisco, *Christus vivit*, 206.

12. «Es preciso recordar la importancia de las virtudes. Entre estas, la castidad resulta condición preciosa para el crecimiento genuino del amor interpersonal. Respecto a esta necesidad, los Padres sinodales eran concordes en subrayar la exigencia de una mayor implicación de toda la comunidad» (*Amoris laetitia*, 206).

13. Cf. *Lc* 4,40: «Y él, imponiendo las manos sobre cada uno de ellos, los curaba».

14. «Conviene encontrar además las maneras, a través de las familias misioneras, de las propias familias de los novios y de diversos recursos pastorales, de ofrecer una preparación remota que haga madurar el amor que se tienen, con un acompañamiento cercano y testimonial. Suelen ser muy útiles los grupos de novios y las ofertas de charlas opcionales sobre una variedad de temas que interesan realmente a los jóvenes. No obstante, son indispensables algunos momentos personalizados, porque el principal objetivo es ayudar a cada uno para que aprenda a amar a esta persona concreta con la que pretende compartir toda la vida. Aprender a amar a alguien no es algo que se improvisa ni puede ser el objetivo de un breve curso previo a la celebración del matrimonio. En realidad, cada persona se prepara para el matrimonio desde su nacimiento. [...] Todas las acciones pastorales tendientes a ayudar a los matrimonios a crecer en el amor y a vivir el Evangelio en la familia, son una ayuda inestimable para que sus hijos se preparen para su futura vida matrimonial» (*Amoris laetitia*, 208).

15. «El amor fiel de Cristo es la luz para vivir la belleza de la afectividad humana. De hecho, nuestra dimensión afectiva es una llamada al amor, que se manifiesta en la fidelidad, en la acogida y en la misericordia. Esto es muy importante. ¿El amor cómo se manifiesta? En la fidelidad, en la acogida y en la misericordia» (Francisco, *Catequesis sobre los mandamientos, 11/B: En Cristo nuestra vocación esponsal encuentra su plenitud*, 31 de octubre de 2018).

16. «La fe transforma toda la persona, precisamente porque la fe se

abre al amor. Esta interacción de la fe con el amor nos permite comprender el tipo de conocimiento propio de la fe, su fuerza de convicción, su capacidad de iluminar nuestros pasos. La fe conoce por estar vinculada al amor, en cuanto el mismo amor trae una luz. La comprensión de la fe es la que nace cuando recibimos el gran amor de Dios que nos transforma interiormente y nos da ojos nuevos para ver la realidad» (Francisco, *Lumen fidei,* 26).

17. «Los colaboradores y responsables [...] en cuanto educadores, deberán poseer también capacidad de acogida de los novios sea cual fuere su origen socio-cultural, su formación intelectual y sus capacidades concretas» (Pontificio Consejo para la Familia, *Preparación al sacramento del matrimonio,* 43).

18. «En la boca del catequista vuelve a resonar siempre el primer anuncio: "Jesucristo te ama, dio su vida para salvarte, y ahora está vivo a tu lado cada día, para iluminarte, para fortalecerte, para liberarte". [...] Toda formación cristiana es ante todo la profundización del *kerygma* que se va haciendo carne cada vez más y mejor, que nunca deja de iluminar la tarea catequística, y que permite comprender adecuadamente el sentido de cualquier tema que se desarrolle en la catequesis. Es el anuncio que responde al anhelo de infinito que hay en todo corazón humano» (Francisco, *Evangelii gaudium,* 164-165).

19. Cf. *Amoris laetitia,* 201.

20. Cf. Juan Pablo II, *Familiaris consortio,* 68; Francisco, *Amoris laetitia,* 1, 59, 200-201.

21. «El testimonio más persuasivo de la bendición del matrimonio cristiano es la vida buena de los esposos cristianos y de la familia. ¡No hay mejor modo para expresar la belleza del sacramento!» (Francisco, *Audiencia general. La familia - 12. El matrimonio (I),* 29 de abril de 2015).

22. En este esfuerzo de comprensión, es útil tener en cuenta las dificultades subjetivas y objetivas de las personas, las "dificultades de

comprensión" y las "dificultades de vivir" lo que la Iglesia propone, a la luz de los criterios indicados en *Amoris laetitia*, 301-303.

23. «Al mismo tiempo, haceros cercanos, con el estilo propio del Evangelio, en el encuentro y en la acogida de esos jóvenes que prefieren vivir juntos sin casarse. Estos, en el plano espiritual y moral, están entre los pobres y los pequeños, hacia los cuales la Iglesia, tras las huellas de su Maestro y Señor, quiere ser madre que no abandona, sino que se acerca y cuida. También estas personas son amadas por el corazón de Cristo. Tened hacia ellos una mirada de ternura y de compasión» (Francisco, *Discurso a los participantes en un curso sobre el proceso matrimonial*, 25 de febrero de 2017).

24. Sobre este aspecto fundamental, que no puede dejar de tenerse en cuenta para una adecuada renovación de la pastoral de preparación al matrimonio, es muy útil remitirse al documento *La reciprocidad entre fe y sacramentos en la economía sacramental* de la Comisión Teológica Internacional, que recibió el dictamen favorable del Santo Padre el 19 de diciembre de 2019.

25. «Es preciso afrontar todas estas situaciones de manera constructiva, tratando de transformarlas en oportunidad de camino hacia la plenitud del matrimonio y de la familia a la luz del Evangelio. Se trata de acogerlasy acompañarlas con paciencia y delicadeza ». Es lo que hizo Jesús con la samaritana (cf. *Jn* 4,1-26): dirigió una palabra a su deseo de amor verdadero, para liberarla de todo lo que oscurecía su vida y conducirla a la alegría plena del Evangelio» (*Amoris laetitia*, 294).

26. Juan Pablo II, *Familiaris consortio*, 68.

27. Cf. Juan Pablo II, *Discurso con ocasión de la inauguración del Año judicial del Tribunal de la Rota Romana*, 30 de enero de 2003; Benedicto XVI, *Discurso con ocasión de la inauguración del Año judicial del Tribunal de la RotaRomana*, 26 de enero de 2013; Francisco, *Discurso con ocasión de la inauguración del Año judicial del Tribunal de la Rota Romana*, 23 de enero de 2015.

28. «Es bueno recordar con claridad que la calidad de la fe no es una condición esencial del consentimiento matrimonial, el cual, de acuerdo con la doctrina de siempre, puede ser minado solamente a nivel natural (cf. CIC, can. 1055 § 1 y 2). De hecho, el *habitus fidei* se infunde en el momento del bautismo y sigue teniendo un misterioso influjo en el alma, incluso cuando la fe no se haya desarrollado y psicológicamente parezca estar ausente. No es raro que los novios, empujados al verdadero matrimonio por el *instinctus naturae*, en el momento de la celebración, tengan un conocimiento limitado de la plenitud del plan de Dios, y sólo después, en la vida familiar, descubran todo lo que Dios, Creador y Redentor ha establecido para ellos. Las deficiencias de formación en la fe y también el error relativo a la unidad, la indisolubilidad y la dignidad sacramental del matrimonio vician el consentimiento matrimonial solamente si determinan la voluntad (cf. CIC, can. 1099). Precisamente por eso los errores que afectan a la naturaleza sacramental del matrimonio deben evaluarse con mucha atención» (Francisco, *Discurso con ocasión de la inauguración delAño judicial del Tribunal de la Rota Romana*, 22 de enero de 2016).

29. «Pertenece a la doctrina tradicional de los sacramentos la convicción de que para se dé el sacramento se requiere al menos la intención de hacer lo que hace la Iglesia: Todos estos sacramentos se realizan por tres elementos: de las cosas, como la materia; de las palabras, como la forma, y de la persona del ministro que confiere el sacramento con intención de hacer lo que hace la Iglesia (*cum intentione faciendi quod facit Ecclesia*). Si uno de ellos falta no se realiza el sacramento. Según la opinión común de la teología latina, los ministros del sacramento del matrimonio son los cónyuges, que se donan recíprocamente el matrimonio. En el caso del matrimonio sacramental se requiere al menos la intención de realizar un matrimonio natural. Ahora bien, el matrimonio natural, tal y como lo entiende la Iglesia, incluye como propiedades esenciales la indisolubilidad, la fidelidad y la ordenación al bien de los cónyuges, y el bien de la prole. Por lo tanto,

si la intención de contraer matrimonio no incluye estas propiedades, al menos implícitamente, se da una carencia grave en la intención, capaz de poner en tela de juicio la existencia misma del matrimonio natural, base necesaria para el matrimonio sacramental» (Comisión Teológica Internacional, *La reciprocidad de la fe y los sacramentos en la economía sacramental*, 168).

30. «La intención sacramental nunca es el resultado de un automatismo, sino siempre de una conciencia iluminada por la fe, como resultado de una combinación de lo humano y lo divino. En este sentido, se puede decir que la unión conyugal es verdadera solo si la intención humana de los cónyuges está orientada según lo que desean Cristo y la Iglesia» (Francisco, *Discurso con ocasión de la Inauguración del Año Judicial del Tribunal de la Rota Romana*, 29 de enero de 2018); «Cuando [...] a pesar de los esfuerzos hechos, los contrayentes dan muestras de rechazar de manera explícita y formal lo que la Iglesia realiza cuando celebra el matrimonio de bautizados, el pastor de almas no puede admitirlos a la celebración. Y, aunque no sea de buena gana, tiene obligación de tomar nota de la situación y de hacer comprender a los interesados que, en tales circunstancias, no es la Iglesia sino ellos mismos quienes impiden la celebración que a pesar de todo piden» (*Familiaris consortio*, 68).

31. «En efecto, la fe de quien pide desposarse ante la Iglesia puede tener grados diversos y es deber primario de los pastores hacerla descubrir, nutrirla y hacerla madurar. Pero ellos deben comprender también las razones que aconsejan a la Iglesia admitir a la celebración a quien está imperfectamente dispuesto» (*Familiaris consortio*, 68).

32. «Los esposos cristianos no son ingenuos, conocen los problemas y peligros de la vida. Pero no tienen miedo a asumir su responsabilidad, ante Dios y ante la sociedad. [...] Ciertamente es difícil. Por eso se necesita la gracia, la gracia que nos da el Sacramento. Los Sacramentos no son un adorno en la vida [...] la gracia no es para decorar la vida, es para darnos fuerza en la vida, para darnos valor, para poder caminar

adelante. [...] Los cristianos se casan mediante el Sacramento porque saben que lo necesitan. Les hace falta para estar unidos entre sí y para cumplir su misión como padres: "En la prosperidad y en la adversidad, en la salud y en la enfermedad"» (Francisco, *Discurso a las familias del mundo con ocasión de su peregrinación a Roma en el Año de la Fe*, 26 de octubre de 2013).

33. «En los cursos de preparación para el matrimonio es esencial reanudar la *catequesis de la iniciación cristiana a la fe*, cuyo contenido no debe darse por sentado o como ya asumido por los novios. En cambio, en la mayoría de los casos, el mensaje cristiano debe ser redescubierto por aquellos que se han quedado con alguna noción elemental del catecismo de la primera comunión y, si todo va bien, de la confirmación» (Francisco, *Discurso a los participantes en un curso diocesano de formación sobre el matrimonio y la familia promovido por el Tribunal de la Rota Romana*, 27 de septiembre de 2018).

34. «El camino de preparación al matrimonio se debe plantear [...] centrándose también aquí en lo esencial: la Biblia, para redescubrir juntos, de forma consciente; la oración, en su dimensión litúrgica, pero también en la "oración doméstica", que se vive en familia; los sacramentos, la vida sacramental, la confesión [...] a través de los cuales el Señor viene a morar en los novios y los prepara para acogerse de verdad uno al otro "con la gracia de Cristo"» (Francisco, *Audiencia general. La familia - 16. Noviazgo*, 27 de mayo de 2015).

35. «La decisión de "casarse en el Señor" contiene también una dimensión misionera, que significa tener en el corazón la disponibilidad a ser intermediario de la bendición de Dios y de la gracia del Señor para todos. En efecto, los esposos cristianos participan como esposos en la misión de la Iglesia. [...] La Iglesia, para ofrecer a todos los dones de la fe, del amor y la esperanza, necesita también de la valiente fidelidad de los esposos a la gracia de su sacramento. El pueblo de Dios necesita de su camino diario en la fe, en el amor y en la esperanza, con todas las alegrías y las fatigas que este camino comporta en un matrimonio y en una

familia» (Francisco, *Audiencia general. La familia - 13. El matrimonio (II)*, 6 de mayo de 2015); cf. *Familiaris consortio*, 50; *Amoris laetitia*, 121.

36. «Del mismo modo, se puso de relieve la necesidad de programas específicos para la preparación próxima al matrimonio que sean una auténtica experiencia de participación en la vida eclesial y profundicen en los diversos aspectos de la vida familiar» (*Amoris laetitia*, 206).

37. *Amoris laetitia*, 296-297.

38. «Hay diversas maneras legítimas de organizar la preparación próxima al matrimonio, y cada Iglesia local discernirá lo que sea mejor, procurando una formación adecuada que al mismo tiempo no aleje a los jóvenes del sacramento. [...] Se trata de una suerte de "iniciación" al sacramento del matrimonio que les aporte los elementos necesarios para poder recibirlo con las mejores disposiciones y comenzar con cierta solidez la vida familiar» (*Amoris laetitia*, 207).

39. «El noviazgo [...] es el tiempo en el cual los dos están llamados a realizar un buen trabajo sobre el amor, un trabajo partícipe y compartido, que va a la profundidad. Ambos se descubren despacio, mutuamente, es decir, el hombre "conoce" a la mujer conociendo a esta mujer, su novia; y la mujer "conoce" al hombre conociendo a este hombre, su novio. No subestimemos la importancia de este aprendizaje: es un bonito compromiso, y el amor mismo lo requiere» (Francisco, *Audiencia general. La familia - 16. Noviazgo*, 27 de mayo de 2015).

40. Cf. *Amoris laetitia*, 133-141.

41. «La preparación próxima, la cual comporta - desde la edad oportuna y con una adecuada catequesis, como en un camino catecumenal - una preparación más específica para los sacramentos, como un nuevo descubrimiento. Esta nueva catequesis de cuantos se preparan al matrimonio cristiano es absolutamente necesaria, a fin de que el sacramento sea celebrado y vivido con las debidas disposiciones morales y espirituales. La formación religiosa de los jóvenes deberá ser integrada, en el momento oportuno y según las

diversas exigencias concretas, por una preparación a la vida en pareja que, presentando el matrimonio como una relación interpersonal del hombre y de la mujer a desarrollarse continuamente, estimule a profundizar en los problemas de la sexualidad conyugal y de la paternidad responsable, con los conocimientos médico-biológicos esenciales que están en conexión con ella y los encamine a la familiaridad con rectos métodos de educación de los hijos, favoreciendo la adquisición de los elementos de base para una ordenada conducción de la familia» (*Familiaris Consortio*, 66); cf. Pontificio Consejo para la Familia, *Preparación alsacramento del matrimonio*, 35.

42. Cf. Pontificio Consejo para la Familia, *Preparación al sacramento del matrimonio*, 36.

43. «La preparación de los que ya formalizaron un noviazgo, cuando la comunidad parroquial logra acompañarlos con un buen tiempo de anticipación, también debe darles la posibilidad de reconocer incompatibilidades o riesgos. De este modo se puede llegar a advertir que no es razonable apostar por esa relación, para no exponerse a un fracaso previsible que tendrá consecuencias muy dolorosas. El problema es que el deslumbramiento inicial lleva a tratar de ocultar o de relativizar muchas cosas, se evita discrepar, y así sólo se patean las dificultades para adelante. Los novios deberían ser estimulados y ayudados para que puedan hablar de lo que cada uno espera de un eventual matrimonio, de su modo de entenderlo que es el amor y el compromiso, de lo que se desea del otro, del tipo de vida en común que se quisiera proyectar. Estas conversaciones pueden ayudar a ver que en realidad los puntos de contacto son escasos, y que la mera atracción mutua no será suficiente para sostener la unión. Nada es más volátil, precario e imprevisible que el deseo, y nunca hay que alentar una decisión de contraer matrimonio si no se han ahondado otras motivaciones que otorguen a ese compromiso posibilidades reales de estabilidad» (*Amoris laetitia*, 209).

44. El *ius connubii* (derecho al matrimonio) no constituye «una

pretensión subjetiva que los pastores deban satisfacer mediante un mero reconocimiento formal, independientemente del contenido efectivo de la unión. El derecho a contraer matrimonio presupone que se pueda y se quiera celebrarlo de verdad y, por tanto, en la verdad de su esencia tal como la enseña la Iglesia. Nadie puede reivindicar el derecho a una ceremonia nupcial. En efecto, el *ius connubii* se refiere al derecho de celebrar un auténtico matrimonio. No se negaría, por tanto, el *ius connubii* allí donde fuera evidente que no se dan las premisas para su ejercicio, es decir, si faltara claramente la capacidad requerida para casarse, o la voluntad se plantearaun objetivo que está en contraste con la realidad natural del matrimonio»(Benedicto XVI, *Discurso con ocasión de la inauguración del Año judicial del Tribunal de la Rota Romana*, 22 de enero de 2011).

45. «Hay que acompañar con misericordia y paciencia las etapas posibles de crecimiento de las personas que se van construyendo día a día [dejando espacio] a la misericordia del Señor que nos estimula a hacer el bien posible» (*Amoris laetitia*, 308); cf. *Amoris laetitia*, 295.

46. *Amoris laetitia*, 300.

47. «De ninguna manera la Iglesia debe renunciar a proponer el ideal pleno del matrimonio, el proyecto de Dios en toda su grandeza: Es preciso alentar a los jóvenes bautizados a no dudar ante la riqueza que el sacramento del matrimonio procura a sus proyectos de amor, con la fuerza del sostén que reciben de la gracia de Cristo y de la posibilidad de participar plenamente en la vida de la Iglesia. La tibieza, cualquier forma de relativismo, o un excesivo respeto a la hora de proponerlo, serían una falta de fidelidad al Evangelio y también una falta de amor de la Iglesia hacia los mismos jóvenes. Comprender las situaciones excepcionales nunca implica ocultar la luz del ideal más pleno ni proponer menos que lo que Jesús ofrece al ser humano. Hoy, más importante que una pastoral de los fracasos es el esfuerzo pastoral para consolidar los matrimonios y así prevenir las rupturas» (*Amoris laetitia*, 307).

48. «Es preciso recordar la importancia de las virtudes. Entre estas, la castidad resulta condición preciosa para el crecimiento genuino del amor interpersonal» (*Amoris laetitia,* 206); «La castidad está en ser libres del afán de poseer en todos los ámbitos de la vida. Sólo cuando un amor es casto es un verdadero amor. El amor que quiere poseer, al final, siempre se vuelve peligroso, aprisiona, sofoca, hace infeliz. Dios mismo amó al hombre con amor casto, dejándolo libre incluso para equivocarse y ponerse encontra suya. La lógica del amor es siempre una lógica de libertad» (*Patriscorde,* 7).

49. «Tampoco puede faltar en este período la educación leal y valientea la castidad, al amor como don de sí. La castidad no es mortificación del amor, sino condición de amor auténtico. En efecto, si la vocación al amor conyugal es vocación a la entrega de sí en el matrimonio, es preciso llegar a poseerse a sí mismos para poderse entregar de verdad» (Pontificio Consejo para la Familia, *Preparación al sacramento del matrimonio,* 24).

50. «La castidad debe calificar a las personas según los diferentes estados de vida: a unas, en la virginidad o en el celibato consagrado, manera eminente de dedicarse más fácilmente a Dios solo con corazón indiviso; a otras, de la manera que determina para ellas la ley moral, según sean casadas o célibes. Las personas casadas son llamadas a vivir la castidad conyugal; las otras practican la castidad en la continencia. [...] Los novios están llamados a vivir la castidad en la continencia. En esta prueba han de ver un descubrimiento del mutuo respeto, un aprendizaje de la fidelidad y de la esperanza de recibirse el uno y el otro de Dios. Reservarán para el tiempo del matrimonio las manifestaciones de ternura específicas del amor conyugal. Deben ayudarse mutuamente a crecer en la castidad» (Catecismo de la Iglesia Católica, 2349-2350).

51. «Sí, muchas parejas están juntas mucho tiempo, tal vez también en la intimidad, a veces conviviendo, pero no se conocen de verdad. Parece extraño, pero la experiencia demuestra que es así. Por ello se

debe revaluar el noviazgo como tiempo de conocimiento mutuo y de compartir un proyecto» (Francisco, *Audiencia general.* 27 de mayo de 2015).

52. Cf. Catecismo de la Iglesia Católica, 2348-2350.

53. Cf. Bendicional. Ritual romano, 614, 625.

54. «La promesa de matrimonio [...], a la que se llama esponsales, se rige por el derecho particular que haya establecido la Conferencia Episcopal, teniendo en cuenta las costumbres y las leyes civiles, si las hay» (CDC, canon 1062).

55. Cf. Bendicional. Ritual romano, 610.

56. «En el caso de la familia, la fragilidad de los vínculos se vuelve especialmente grave porque se trata de la célula básica de la sociedad, el lugar donde se aprende a convivir en la diferencia y a pertenecer a otros, y donde los padres transmiten la fe a sus hijos. El matrimonio tiende a ser visto como una mera forma de gratificación afectiva que puede constituirse de cualquier manera y modificarse de acuerdo con la sensibilidad de cada uno. Pero el aporte indispensable del matrimonio a la sociedad supera el nivel de la emotividad y el de las necesidades circunstanciales de la pareja. Como enseñan los Obispos franceses, no procede del sentimiento amoroso, efímero por definición, sino de la profundidad del compromiso asumido por los esposos que aceptan entrar en una unión de vida total» (*Evangelii gaudium,* 66).

57. Cf. Pontificio Consejo para la Familia, *Preparación al sacramento del matrimonio,* 45-46.

58. «La preparación inmediata a la celebración del sacramento del matrimonio debe tener lugar en los últimos meses y semanas que preceden alas nupcias» (*Familiaris consortio,* 66).

59. Es conveniente que el contenido de estas charlas sea objeto de una catequesis explícita, para que, cuando tengan lugar, no sean vividas por las parejas como un mero trámite, sino como un momento importante de libre aceptación de los compromisos conyugales y de plena asunción de responsabilidades. A este respecto, es bueno

tener en cuenta las palabras de Benedicto XVI: « Entre los medios para asegurar que el proyecto de los contrayentes sea realmente conyugal destaca el examen prematrimonial. Ese examen tiene una finalidad principalmente jurídica: comprobar que nada se oponga a la celebración válida y lícita de las bodas. Jurídico, sin embargo, no quiere decir formalista, como si fuera un trámite burocrático consistente en rellenar un formulario sobre la base de preguntas rituales. Se trata, en cambio, de una ocasión pastoral única - que es preciso valorar con toda la seriedad y la atención que requiere - en la que, a través de un diálogo lleno de respeto y de cordialidad, el pastor trata de ayudar a la persona a ponerse seriamente ante la verdad sobre sí misma y sobre su propia vocación humana y cristiana al matrimonio. En este sentido, el diálogo, siempre realizado separadamente con cada uno de los dos contrayentes - sin disminuir la conveniencia de otros coloquios con la pareje requiere un clima de plena sinceridad, en el que se debería subrayar el hecho de que los propios contrayentes son los primeros interesados y los primeros obligados en conciencia a celebrar un matrimonio válido » (Benedicto XVI, *Discurso con ocasión de la inauguración del Año judicial del Tribunal de la Rota Romana*, 22 de enero de 2011).

60. Cf. *Amoris laetitia*, 59-66.

61. Cf. Catecismo de la Iglesia Católica, 1606-1608.

62. «La celebración de este sacramento adquiere un significado particular para la vida familiar. En efecto, mientras mediante la fe descubren cómo el pecado contradice no sólo la alianza con Dios, sino también la alianza de los cónyuges y la comunión de la familia, los esposos y todos los miembros de la familia son alentados al encuentro con Dios "rico en misericordia" (*Ef* 2,4), el cual, infundiendo su amor más fuerte que el pecado reconstruye y perfecciona la alianza conyugal y la comunión familiar»(*Familiaris consortio*, 58).

63. «En la preparación más inmediata es importante iluminar a los novios para vivir con mucha hondura la celebración litúrgica,

ayudándoles a percibir y vivir el sentido de cada gesto. Recordemos que un compromiso tan grande como el que expresa el consentimiento matrimonial, y la unión de los cuerpos que consuma el matrimonio, cuando se trata de dos bautizados, sólo pueden interpretarse como signos del amor del Hijo de Dios hecho carne y unido con su Iglesia en alianza de amor. En los bautizados, las palabras y los gestos se convierten en un lenguaje elocuente de la fe. [...] A veces, los novios no perciben el peso teológico y espiritual del consentimiento, que ilumina el significado de todos los gestos posteriores. Hace falta destacar que esas palabras no pueden ser reducidas al presente; implican una totalidad que incluye el futuro» (*Amoris laetitia*, 213-214).

64. «El sacramento no es una "cosa" o una "fuerza", porque en realidad Cristo mismo mediante el sacramento del matrimonio, sale al encuentro de los esposos cristianos. [...] El matrimonio cristiano es un signo que no sólo indica cuánto amó Cristo a su Iglesia en la Alianza sellada en la cruz, sino que hace presente ese amor en la comunión de los esposos. Al unirse ellos en una sola carne, representan el desposorio del Hijo de Dios con la naturaleza humana. [...] Aunque "la analogía entre la pareja marido-mujer y Cristo-Iglesia" es una "analogía imperfecta", invita a invocar al Señor para que derrame su propio amor en los límites de las relaciones conyugales» (*Amoris laetitia*, 73).

65. «Me viene a la mente el milagro de la multiplicación de los panes: también para vosotros el Señor puede multiplicar vuestro amor y donaro a vosotros fresco y bueno cada día. ¡Tiene una reserva infinita de ese amor! Él os dona el amor que está en la base de vuestra unión y cada día lo renueva, lo refuerza. Y lo hace aún más grande cuando la familia crece conlos hijos» (Francisco, *Discurso a los novios que se preparan para el matrimonio*, 14 de febrero de 2014).

66. Cf. Catecismo de la Iglesia Católica, 1624: «En la epíclesis de este sacramento los esposos reciben el Espíritu Santo como Comunión de amor de Cristo y de la Iglesia. El Espíritu Santo es el sello de la alianza delos esposos, la fuente siempre generosa de su amor, la fuerza con que

se renovará su fidelidad »; cf. *Amoris laetitia,* 120. Hay varias epíclesis en el Ritodel Matrimonio, y citamos algunas de ellas (según la versión italiana de la *editio typica altera* del *Ordo celebrandi matrimonium* aprobada por la Congregación para el Culto Divino y la Disciplina de los Sacramentos mediante el decreto Prot. no. 874/02/L de 29 de abril de 2004): la oración al final de las invocaciones de los santos: « Derrama, Señor, sobre N. y N. el Espíritu de tu amor, para que sean un solo corazón y una sola alma: que nada separe a los que has unido y, colmados de tu bendición, que nada los aflija. Por Cristo nuestro Señor»; la epíclesis dentro de la oración de bendición de los esposos (primera fórmula): «Mira ahora con bondad a estos hijos tuyos que, unidos por el vínculo del matrimonio, piden la ayuda de tu bendición: derrama sobre ellos la gracia del Espíritu Santo para que, por la fuerza de tu amor derramada en sus corazones, permanezcan fieles a la alianza conyugal»; en la oración de bendición de los esposos (segunda fórmula): «Oh Dios, extiende tu mano sobre N. y N. y derrama en sus corazones la fuerza del Espíritu Santo. Haz, Señor, que, en la unión consagrada por ti, compartan los dones de tu amor y, convirtiéndose mutuamente en signo de tu presencia, sean un solo corazón y una sola alma».

67. Cf. Catecismo de la Iglesia Católica, 1622; Pontificio consejo para la Familia, *Preparación al sacramento del matrimonio,* 53.

68. Cf. Pontificio Consejo para la Familia, *Preparación al sacramento del matrimonio,* 50-58.

69. «La preparación al matrimonio cristiano puede calificarse de itinerario de fe que no termina con la celebración del matrimonio, sino que continua en toda la vida familiar; así que nuestra prospectiva no se cierra en el matrimonio como acto, en el momento de la celebración sino como estado permanente» (Pontificio Consejo para la Familia, *Preparación al sacramento del matrimonio,* 16).

70. «El cuidado pastoral es mucho más eficaz cuando el *acompañamiento* no termina con la celebración de la boda, sino que "escolta" al menos durante los primeros años de la vida conyugal. A

través de coloquios con la pareja y con la comunidad, se trata de ayudar a los cónyuges jóvenes a adquirir las herramientas y los apoyos para vivir su vocación. Y esto solo puede suceder a través de un camino de crecimiento en la fe de las parejas mismas» (Francisco, *Discurso a los participantes en el curso diocesano de formación sobre el matrimonio y la familia organizado por el Tribunal de la Rota Romana,* 27 de septiembre de 2018).

71. «Es imprescindible acompañar en los primeros años de la vida matrimonial para enriquecer y profundizar la decisión consciente y libre de pertenecerse y de amarse hasta el fin. Muchas veces, el tiempo de noviazgo no es suficiente, la decisión de casarse se precipita por diversas razones y, como si no bastara, la maduración de los jóvenes se ha retrasado. Entonces, los recién casados tienen que completar ese proceso que debería haberse realizado durante el noviazgo» (*Amoris laetitia,* 217).

72. «La alianza de amor entre el hombre y la mujer, alianza por la vida, no se improvisa, no se hace de un día para el otro, [...] es necesario trabajar en el amor, es necesario caminar, [...] hay que trabajar el amor, hay que caminar. La alianza del amor del hombre y la mujer se aprende y se afina. Me permito decir que se trata de una alianza artesanal. Hacer de dos vidas una vida sola, es incluso casi un milagro, un milagro de la libertad y del corazón, confiado a la fe» (Francisco, *Audiencia general. La familia - 16. Noviazgo,* 27 de mayo de 2015).

73. «La unión es real, es irrevocable, y ha sido confirmada y consagrada por el sacramento del matrimonio. Pero al unirse, los esposos se convierten [con Jesús presente en medio de ellos] en protagonistas, dueños de su historia y creadores de un proyecto que hay que llevar adelante juntos. [...] El sí que se dieron es el inicio de un itinerario, con un objetivo capaz de superar lo que planteen las circunstancias y los obstáculos que se interpongan. La bendición recibida es una gracia y un impulso para ese camino siempre abierto. Suele ayudar el que se sienten a dialogar para elaborar su proyecto

concreto en sus objetivos, sus instrumentos, sus detalles» (*Amoris laetitia*, 218).

74. «Es de desear que las parejas, sobre todo en los primeros cinco años de vida conyugal, sean acompañadas con cursos post-matrimoniales que se tengan en las parroquias o en vicarías» (Pontificio Consejo para la Familia, *Preparación al sacramento del matrimonio,* 73).

75. Cf. por ejemplo Cirilo de Jerusalén - Juan de Jerusalén, *Catequesis mistagógicas*; Ambrosio de Milán, *De Sacramentis*; *De Mysteriis.*

76. Cf. *Amoris laetitia,* 133-135; 143-146; 163-164; 321-323.

77. Cf. *Ibid.*, 125; 147-152; 319-320.

78. Cf. *Amoris laetitia,* 77; 120-124.79 Cf. *Amoris laetitia,* 72-75; 317-318.

80. «Toda la vida en común de los esposos, toda la red de relaciones que tejerán entre sí, con sus hijos y con el mundo, estará impregnada y fortalecida por la gracia del sacramento que brota del misterio de la Encarnación y de la Pascua, donde Dios expresó todo su amor por la humanidad y se unió íntimamente a ella. Nunca estarán solos con sus propias fuerzas para enfrentar los desafíos que se presenten. Ellos están llamados a responder al don de Dios con su empeño, su creatividad, su resistencia y su lucha cotidiana, pero siempre podrán invocar al Espíritu Santo que ha consagrado su unión, para que la gracia recibida se manifieste nuevamente en cada nueva situación» (*Amoris laetitia*, 74).

81. «La mirada se dirige al futuro que hay que construir día a día con la gracia de Dios y, por eso mismo, al cónyuge no se le exige que sea perfecto. Hay que dejar a un lado las ilusiones y aceptarlo como es: inacabado, llamado a crecer, en proceso. Cuando la mirada hacia el cónyuge es constantemente crítica, eso indica que no se ha asumido el matrimonio también como un proyecto de construir juntos, con paciencia, comprensión, tolerancia y generosidad. Esto lleva a que el amor sea sustituido poco a poco por una mirada inquisidora e

implacable, por el control de los méritos y derechos de cada uno, por los reclamos, la competencia y la autodefensa. Así se vuelven incapaces de hacerse cargo el uno del otro para la maduración de los dos y para el crecimiento de la unión. A los nuevos matrimonios hay que mostrarles esto con claridad realista desde el inicio, de manera que tomen conciencia de que "están comenzando"» (*Amoris laetitia*, 218).

82. Cf. *Amoris laetitia*, 221.

83. Cf. *Amoris laetitia*, 106; 163; 210; 232-234; 240.

84. «El camino implica pasar por distintas etapas que convocan a donarse con generosidad: del impacto inicial, caracterizado por una atracción marcadamente sensible, se pasa a la necesidad del otro percibido como parte de la propia vida. De allí se pasa al gusto de la pertenencia mutua, luego a la comprensión de la vida entera como un proyecto de los dos, a la capacidad de poner la felicidad del otro por encima de las propias necesidades, y al gozo de ver el propio matrimonio como un bien para la sociedad» (*Amoris laetitia*, 220).

85. «La maduración del amor implica también aprender a "negociar". No es una actitud interesada o un juego de tipo comercial, sino en definitiva un ejercicio del amor mutuo, porque esta negociación es un entrelazado de recíprocas ofrendas y renuncias para el bien de la familia. En cada nueva etapa de la vida matrimonial hay que sentarse a volver a negociar los acuerdos, de manera que no haya ganadores y perdedores, sino que los dos ganen» (*Amoris laetitia*, 220).

86. «A los matrimonios jóvenes también hay que estimularlos a crear una rutina propia, que brinda una sana sensación de estabilidad y de seguridad, y que se construye con una serie de rituales cotidianos compartidos. Es bueno darse siempre un beso por la mañana, bendecirse todas las noches, esperar al otro y recibirlo cuando llega, tener alguna salida juntos, compartir tareas domésticas» (*Amoris laetitia*, 226).

87. Cf. *Amoris laetitia*, 17-18.

88. Cf. *Ibid.*, 313 ss.

89. Cf. *Ibid.*, 150-157.

90. Cf. *Ibid.*, 80-83.

91. Cf. *Amoris laetitia*, 84-85; Francisco, *Audiencia general.* 20 de mayo de 2015.

92. «Los matrimonios que tienen una buena experiencia de aprendizaje en este sentido pueden aportar los recursos prácticos que les han sido de utilidad: la programación de los momentos para estar juntos gratuitamente, los tiempos de recreación con los hijos, las diversas maneras de celebrar cosas importantes, los espacios de espiritualidad compartida. Pero también pueden enseñar recursos que ayudan a llenar de contenido y de sentido esos momentos, para aprender a comunicarse mejor» (*Amoris laetitia*, 225).

93. Cf. *Amoris laetitia*, 211.

94. «Hay que ayudar a descubrir que una crisis superada no lleva a una relación con menor intensidad sino a mejorar, asentar y madurar el vino de la unión [...] cuando el matrimonio se asume como una tarea, que implica también superar obstáculos, cada crisis se percibe como la ocasión para llegar a beber juntos el mejor vino» (*Amoris laetitia*, 232).

95. «La espiritualidad esponsal [...] deberá procurar la recuperación de los dinamismos sacramentales con un particular papel de los sacramentos de la reconciliación y de la eucaristía. El sacramento de la reconciliación ensalza la misericordia divina hacia la miseria humana y acrece la vitalidad bautismal y los dinamismos propios de la confirmación. De aquí el potenciamiento de la pedagogía del amor redimido que lleva a descubrir con estupor la grandeza de la misericordia de Dios ante el drama del hombre, creado por Dios y redimido de modo todavía más admirable. Celebrando el memorial de la donación de Cristo a la Iglesia, la eucaristía desarrolla el amor afectivo propio del matrimonio en la donación cotidiana al cónyuge y a los hijos, sin olvidar ni desatender que "la celebración que da significado a cualquier otra forma de oración y de culto es la que se expresa en la vida cotidiana de la familia, si es una vida hecha de amor y entrega" (EV 93)» (Pontificio Consejo para la Familia,

Preparación al sacramento del matrimonio, 41).

96. Cf. *Amoris laetitia,* 186; 318.

97. Cf. *Ibid.,* 105-108.

98. Cf. *Ibid.,* 227-229.

99. Francisco, *Discurso al Tribunal de la Rota Romana con ocasión de la inauguración del Año judicial,* 29 de enero de 2019.

100. Cf. *Amoris laetitia,* 313-324; *Gaudete et exsultate,* 14-34.

101. Cf. *Amoris laetitia,* 87.

102. Cf. *Ibid.,* 88; 324.

103. Cf. *Amoris laetitia,* 232. Sobre el desafío de las crisis matrimoniales, véanse los números 232-240.

104. *Amoris laetitia,* 238.

105. *Ibid.,* 234.

106. Cf. Francisco, *Audiencia a los miembros de la Asociación "Retrouvaille",* 6 de noviembre de 2021.

107. *Amoris laetitia,* 235-236.

108. *Ibid.,* 236.

109. *Ibid.,* 241.

110. *Ibid.,* 242.

111. *Ibid.*